财务会计管理与审计工作优化

符颖　王娟　范超　主编

广东旅游出版社
GUANGDONG TRAVEL & TOURISM PRESS
悦读书·悦旅行·悦享人生
中国·广州

图书在版编目（CIP）数据

财务会计管理与审计工作优化 / 符颖，王娟，范超
主编 . -- 广州：广东旅游出版社，2024. 12. -- ISBN
978-7-5570-3505-1

Ⅰ . F234.4; F239.41

中国国家版本馆 CIP 数据核字第 20240J9C09 号

出 版 人：刘志松
责任编辑：魏智宏　黎　娜
封面设计：刘梦杏
责任校对：李瑞苑
责任技编：冼志良

财务会计管理与审计工作优化
CAIWU KUAIJI GUANLI YU SHENJI GONGZUO YOUHUA

广东旅游出版社出版发行

（广东省广州市荔湾区沙面北街 71 号首、二层）

邮编：510130

电话：020-87347732（总编室）　020-87348887（销售热线）

投稿邮箱：2026542779@qq.com

印刷：廊坊市海涛印刷有限公司

地址：廊坊市安次区码头镇金官屯村

开本：710 毫米 × 1000 毫米　16 开

字数：190 千字

印张：11.25

版次：2024 年 12 月第 1 版

印次：2025 年 1 月第 1 次

定价：58.00 元

编委会

主　编：符　颖　王　娟　范　超

副主编：蔡　迪　吕凌云　张明强

　　　　胡艳芹　邓　娟　冉　艳

　　　　田　原

前 言
PREFACE

在当今复杂多变的经济环境中，财务会计管理和审计工作的重要性日益凸显。各级各类单位都需要通过高效的财务管理和严格的审计监督，确保财务信息的真实性和可靠性，从而为管理层和外部利益相关方提供可靠的决策依据。

财务会计管理的核心任务之一是确保财务信息的真实性和可靠性，通过准确记录和报告单位的财务状况、经营成果和现金流量，为管理层和外部利益相关方提供决策依据。审计工作进一步验证了这些财务信息的准确性，通过独立、系统的检查和评估，确保财务报表的真实性和公允性，从而增强信息的可信度，提高透明度和公信力。透明的财务信息不仅能够增强投资者、债权人等外部使用者的信心，还能提升单位的社会形象。

审计报告作为独立第三方的权威意见，为财务信息的公信力提供了重要保障，有助于吸引更多的投资者和合作伙伴防范和控制风险，通过建立健全的内部控制体系，财务会计管理能够有效防范和控制各种财务风险。审计工作则通过对内部控制体系的评估，发现潜在的风险点，提出改进建议，帮助企业及时采取措施，降低风险发生的可能性，这不仅有助于保护资产安全，还能提高运营效率，符合法律法规要求。当前，许多单位已经采用了先进的会计信息系统和审计技术，提高了财务信息的处理效率和审计工作的精确度。然而，同时也存在一些问题，如数据安全和隐私保护、跨文化审计难题等，这些问题需要通过技术创新和制度完善来解决。

本书内容涵盖财务会计的基础理论、管理实践以及审计工作的各个方面，深入探讨了财务会计管理的核心内容，从财务会计的目标、要素、原则和审计的职能、方法等出发，为读者构建了财务会计和审计的基本框架，着重对财务会计货币资金管理、智慧审计等展开系统探究，并通过医院审计的实践案例，展示了审计工作在提升绩效和管理水平方面的重要作用。

　　笔者在本书的写作过程中借鉴了许多专家和学者的研究成果，在此表示衷心的感谢。本书研究的课题涉及的内容十分宽泛，尽管笔者在写作过程中力求完美，但仍存在疏漏，恳请各位专家批评指正。

目 录
CONTENTS

第一章　认识财务会计

第一节　财务会计目标

财务会计是企业管理中不可或缺的一部分，其主要目标是通过系统地记录、汇总和报告企业的财务信息，为内部和外部利益相关方提供准确、及时和有用的信息，以支持决策、评估业绩和确保合规。

一、财务会计目标的框架

当"会计本质上是一个信息系统"的观点为人们所接受后，会计目标就成为财务会计概念框架的逻辑起点。由于在不同的社会经济环境里，信息使用者有差别，而财务会计的目标又密切依存于使用者的信息需要，因此并不存在一个完全一致的目标。综合各国的财务会计目标，主要涉及这样几个问题：谁是会计信息的使用者；会计信息使用者需要什么样的信息；哪些信息可以由财务会计来提供；为了提供这些会计信息需要什么样的框架。

(一)受托责任观和决策有用观

在回答上述问题的过程中曾经出现过两个代表性的观点：受托责任观和决策有用观。了解这两种观点从对立到相互融合的过程，可以进一步了解会计目标的发展和演变。

1.受托责任观

从历史来看，受托责任观的出现早于决策有用观。其最早产生于两权分离，委托代理关系明确稳定的经济背景下。受托责任观认为在所有权与经营权分离的背景下，为企业资源的提供者创造尽可能多的财富是企业管理者的受托责任，会计目标应主要定位在提供经管责任完成情况的信息上，对会计信息质量的首要要求是可靠性。进而可靠性又会对概念框架中的会计确认、计量以及会计要素的界定等方面产生相应的要求。如对于会计确认，可靠性要求采用交易观，即只确认已经发生交易的经济业务，而对于具有一定不确定性的尚未交易的业务不予确认。至于会计计量，可靠性要求以历史成本为主，而现行价值或未来价值因其具有不确定性而被限制性使用。

2. 决策有用观

随着资本市场的产生和发展，所有者和经营者之间的关系变得模糊且不确定，这一情况对会计的要求更多是要反映企业未来的发展趋势，仅仅提供经营者经营业绩的信息以反映其受托责任已经不能满足对会计信息的要求。

由此，决策有用观的会计目标登上了历史舞台。决策是面向未来的，决策有用观认为会计目标应定位在向会计信息使用者（包括现有和潜在投资者、信贷者、企业管理者和政府）提供有关未来现金流量的金额、分布和不确定性的信息，以帮助他们在预测未来时能产生有差别的决策。如果会计信息能够帮助投资者评价资产未来现金流的流量和风险，那么会计信息将有助于提升资源配置的效率。目前，这一观点已经成为研究财务会计目标的主流观点。

决策有用观对会计信息质量的要求除了可靠性外，更强调相关性。不同于受托责任观下的会计确认和计量手段，该模式要求会计确认采用事项观，即会计要对包括尚未发生交易的资产价值变动在内的全部经济业务加以确认，而会计计量则强调采用相关资产的公允价值。受托责任观和决策有用观并不是相互对立的两种观点，后者是前者的继承与发展。可以看出满足决策有用会计目标的信息需求也能满足受托责任会计目标，早期受托责任观对企业利润的关注也已经被决策有用观对企业未来现金流量能力的关注替代。

（二）我国会计目标的定位

决定会计目标定位的因素主要是经济环境因素，在我国由于实行的是国家宏观调控的国民经济管理体制，证券市场还不发达，大众投资者比例较低，这样的环境决定了完全采用决策有用观尚不可行，而是应该兼顾受托责任观和决策有用观。我国目前的财务会计目标是，"向财务会计报告使用者提供与企业财务状况、经营成果和现金流量等有关的会计信息，反映企业管理层受托责任履行情况，有助于财务会计报告使用者（包括投资者、债权人、政府及其有关部门和社会公众等）做出经济决策"。具体来说，可以分为以下几个方面：

1. 宏观经济调控

国家的财务信息需求。我国目前实行的是市场调节和国家宏观管理相结合的经济管理体制，由于市场经济机制尚未成熟，国家的宏观经济管理在整个国民经济管理中仍发挥主导作用。因此，不论是上市还是非上市企业都需要按照国家规定向有关政府监管部门提供其所需要的会计信息，以保证国有资产的保值增值，保证国家相关税费的稳定增长，维护社会主义市场经济秩序。

2. 完成受托责任

公司管理层的财务信息需求。在两权分离的现代经营模式下，财务会计信息成为联系委托人与受托人之间代理关系的纽带，大量有关委托代理的企业契约是依托财务会计信息签订的。比如，盈利信息往往成为衡量代理人努力程度的替代指标，委托人据其制订和执行奖惩计划；而从代理人的角度考虑，财务信息则成为其传递受托责任完成的信号。

3. 促进资本市场资源配置

投资者和信贷者的财务信息需求。资源是稀缺的，如何有效配置稀缺的资源是资本市场的一个中心问题。财务会计通过提供可信、可靠、不偏不倚、能够如实反映交易的经济影响的财务信息，有助于资本市场参与者识别对资源相对有效和无效的使用者，有助于评估不同投资机会和报酬，有助于促进资本和其他市场的有效运行。

二、财务会计目标的选择

任何管理都是有目的的行为，财务会计也不例外。财务会计管理目标是企业财务管理工作尤其是财务决策所依据的最高准则，是企业财务活动所要达到的最终目标。目前，人们对财务管理目标的认识尚未统一，主要有三种观点：利润最大化、股东财富最大化和企业价值最大化。

(一) 利润最大化

这种观点认为，利润代表了企业新创造的财富，利润越多说明企业财富增加得越多，越接近企业的目标。这种观点的缺陷如下：①利润最大化是一个绝对指标，没有考虑企业的投入与产出之间的关系，难以在不同资本规模的企业或同一企业的不同期间进行比较。②没有区分不同时期的收益，没有考虑资金的时间价值。投资项目收益现值的大小，不仅取决于其收益将来值总额的大小，还受取得收益时间的制约。因为早取得收益，就能早进行再投资，进而早获得新的收益。利润最大化目标则忽视了这一点。③没有考虑风险问题。一般而言，收益越高，风险越大。追求最大利润，有时会增加企业风险，但利润最大化的目标不考虑企业风险的大小。④利润最大化可能会使企业财务决策带有短期行为，即片面追求利润的增加，不考虑企业长远发展。

(二) 股东财富最大化

股东财富最大化是财务管理中的一个核心原则，其目标是通过企业的财务决策和管理活动，使股东的财富达到最大。这一原则不仅关注企业的短期盈利，还注重企业的长期价值创造和可持续发展。股东财富最大化的原则在实践中具有重要的指导意义，能够帮助企业在复杂的经济环境中做出最优的财务决策。

虽然股东财富最大化是财务管理的核心目标，但企业还需要考虑其他利益相关者的利益。通过平衡各方利益，企业可以建立良好的声誉，增强长期竞争力，从而更好地实现股东财富最大化。

这种观点认为，股东作为公司的所有者，承担着公司全部风险，应享受企业的全部税后收益。因此，企业财务管理以实现股东财富最大化为目标。与利润最大化目标相比，股东财富最大化的主要优点在于：第一，考虑了取得收益的时间因素和风险因素。第二，股东财富最大化在一定程度上能够克服企业在追求利润上的短期行为，保证企业的长期发展。但是这种观点仍然存在两个问题：一是只适用于上市公司，对非上市公司很难适用；二是股价受很多因素影响，因此股价高低不能完全反映股东财富。

总之，股东财富最大化通过优化财务决策和管理活动，促使股东利益最大化。企业应严格遵循股东财富最大化的原则，通过科学的投资决策、合理的融资决策、平衡的股利政策、有效的风险管理和透明的信息披露，实现股东财富的最大化，从而为企业的可持续发展奠定坚实的基础。

(三) 企业价值最大化

投资者建立企业的目的在于，创造尽可能多的财富。这种财富首先表现为企业的价值。企业价值的大小取决于企业全部财产的市场价值和企业潜在或预期获利能力。这种观点认为，企业价值最大化可以通过企业的合理经营，采用最优的财务决策，充分考虑资金的时间价值和风险与报酬的关系，在保证企业长期稳定发展的基础上，使企业总价值达到最大。这是现代西方财务管理理论普遍公认的财务目标，他们认为这是衡量企业财务行为和财务决策的合理标准。

企业是一个通过一系列合同或契约关系将各种利益主体联系在一起的组织形式。企业应将长期稳定发展摆在首位，强调企业在价值增长中满足与企业相关各利益主体的利益。企业只有通过维护与企业相关者的利益，承担起应有的社会责任 (如保护消费者利益、保护环境、支持社会公众活动等)，才能更好地实现企业价值最大化这一财务管理目标。由于企业价值最大化是一个抽象的目标，在运用时也存在以下缺陷：一是非上市企业的价值确实难以界定。虽然通过专门评价 (如资产评估) 可以确定其价值，但评估过程受评估标准和评估方式的影响使估价不易客观和标准，从而影响企业价值的准确性与客观性。二是股票价格的变动除受企业经营因素影响之外，还受到其他企业无法控制的因素影响。

第二节　财务会计要素

　　财务会计作为一个信息生产系统，必然存在相应的会计对象，但是由于会计对象是一个抽象的概念，因此，从会计对象到具体的会计信息必须经过一个从抽象到具体的处理步骤。这一具体化的步骤首先要将财务会计对象进行初次分类以形成会计要素，会计要素即是会计核算对象的具体化形式，通俗意义上的要素就是财务报表的基本组成部分。对会计要素的划分与定义各国不尽相同，美国的财务会计准则委员会定义了十个会计要素，分别是资产、负债、权益（equity）、业主投资、派给业主款、收入、费用、利得、损失和全面收益。国际会计准则理事会定义了五个基本会计要素，即资产、负债、权益、收益和费用，其中收益包括收入和利得，费用包括损失。我国则借鉴了国际惯例，明确定义了六个会计要素，分别是资产、负债、所有者权益、收入、费用和利润。我国较之国际惯例的规定多了一个利润的要素，尽管利润是收益和费用的综合结果，并不是一个独立的要素，但由于它在我国长期以来一直作为考核的重要指标，在企业管理中具有重要作用，因此我国仍将其设计成一个单独的会计要素。

一、财务会计要素的划分

（一）资产

　　资产是指企业过去的交易或者事项形成的、由企业拥有或者控制的、预期会给企业带来经济利益的资源。其中，企业过去的交易或者事项包括购买、生产、建造行为或其他交易或者事项，预期在未来发生的交易或事项不形成资产；由企业拥有或者控制是指企业享有某项资源的所有权，或者虽然不享有某项资源的所有权，但是该资源能被企业所控制；至于预期会给企业带来经济利益是指直接或间接导致现金及现金等价物流入企业的潜力。资产在符合上述定义的同时还须同时符合以下两个条件：一是与该资源有关的经济利益很可能流入企业；二是该资源的成本或者价值能够可靠地计量。

（二）负债

负债是指企业过去的交易或事项形成预期会导致经济利益流出企业的现时义务。上述定义中的现时义务是指企业在现行条件下已承担的义务，不包括未来发生的交易或事项形成的义务。同样符合定义的义务还必须满足以下条件才能确认为负债：与该义务有关的经济利益很可能流出企业；未来流出企业的经济利益的金额能够可靠地计量。

（三）所有者权益

所有者权益是指企业资产扣除负债后由所有者享有的剩余权益。公司的所有者权益则被称为股东权益。所有者权益的来源包括所有者投入的资本、直接计入所有者权益的利得和损失、留存收益等。

（四）收入

收入是指企业在日常活动中形成的、会导致所有者权益增加的、与所有者投入资本无关的经济利益的总流入。必须强调的是收入也必须同时满足这样的条件，即经济利益很可能流入进而导致企业资产增加或者负债减少，同时经济利益的流入额能够可靠地计量。

（五）费用

费用是指企业在日常活动中发生的、会导致所有者权益减少的、与向所有者分配利润无关的经济利益的总流出。费用确认需满足的条件是经济利益很可能流出，从而导致企业资产减少或者负债增加，同时经济利益的流出额能可靠地计量。

（六）利润

利润是指企业在一定会计期间的经营成果。利润包括收入减去费用后的净额、直接计入当期利润的利得和损失等。其中直接计入当期利润的利得和损失是指应当计入当期损益、会导致所有权发生增减变动的、与所有者投入资本或者向所有者分配利润无关的利得或损失。

二、财务会计要素的确认

确认是指在交易和事项（经济业务）发生时，将一个项目按照会计要素正式予以记录并按要素的项目计入财务报表中，它包括同时用文字和数字表述某一项目。在财务会计理论结构中，会计确认是一个重要的环节，它决定了具体的经济业务何时以何种要素的形式计入财务报表，进而达到为信息使用者提供合乎要求的会计信息的目标。会计确认可分为初始确认和后续确认。初始确认是指对某一项目或某项经济业务进行会计记录，比如，记作资产、负债、收入或费用等；后续确认是在初始确认的基础上，对各项数据进行筛选、浓缩，最终在财务报表中加以列示。

在对每个项目进行确认的过程中必须同时满足以下四个标准：可定义性、可计量性、相关性、可靠性。如前所述，我国现行会计准则中也明确规定了如果要对会计要素加以确认，必须在满足定义的同时还符合相应的确认条件，最终才能计入资产负债表或利润表。由于确认的最终目标是要进入财务报表，因此，非正式列入财务报表的项目不需要进行严格的确认，通常在附注中加以披露即可。会计确认的基础有收付实现制、权责发生制。收付实现制的字面表述是"现金基础"，即要求在收到现金时确认收入、支出现金时确认费用。权责发生制则是与收付实现制相对应的概念。具体来说，在权责发生制下确认收入时是按照货物的销售（或交付）或者劳务的提供来确认，费用则按与相关联的收入确认的时间予以确认，不考虑现金支付的时间。目前，权责发生制是普遍采用的会计确认的基础。

三、财务会计要素的计量

财务会计通常被认为是一个对会计要素进行确认、计量和报告的过程，计量在其中是一个连接确认和报告的核心环节。具体地说，会计计量是指确定将在财务报表中确认和列报的财务报表要素的货币金额的过程。随着社会经济环境的快速发展以及会计技术的提高，传统的历史成本计量模式面临前所未有的挑战，要使得企业的财务报告能够真正公允地反映其财务状况、经营成果，并且能够充分披露与信息使用者决策相关的信息，有必要引入其他计量基础，比如公允价值等。

目前，无论是FASB还是IASB或是其他国家会计准则委员会，都在致力于解决财务会计中的计量问题。

(一) 计量理论的主要类别

关于计量理论可以概括地分为两个派别：真实收益学派和决策有用学派。真实收益学派要求计量的结果能够真实地反映企业的收益，而决策有用学派则要求计量的结果应能满足决策的需要。目前看来，后者已经成为一种主流。

(二) 计量属性

不同的会计信息需求导致不同的计量模式，而计量模式主要由三个要素组成，即计量对象、计量属性和计量尺度。其中计量属性是目前讨论最为激烈的一个话题。计量属性是指被计量客体的特征或者外在表现形式。具体到会计要素就是可以用货币对其进行量化表述的方面。我国结合国际惯例，在现行的基本会计准则中规定了五个计量属性，分别是历史成本、重置成本、可变现净值、现值和公允价值。

第一，历史成本。在历史成本计量下，资产按照购置时支付的现金或现金等价物的金额，或者按照购置资产时所支付的对价的公允价值计量；负债按照因承担义务而实际收到的款项或者资产的金额，或者承担现时义务的合同金额，或者按照日常活动中为偿还负债预期需要支付的现金或现金等价物的金额计量。

第二，重置成本。在重置成本计量下，资产按照现在购买相同或者相似资产所需支付的现金或现金等价物的金额计量；负债按照现在偿付该项负债所需支付的现金或现金等价物的金额计量。

第三，可变现净值。在该计量属性下，资产按照其正常对外销售所能收到现金或现金等价物的金额扣减该资产完工时估计将要发生的成本、估计的销售费用以及相关税费后的金额计量。

第四，现值。运用现值计量下，资产按照预计从其持续使用和最终处置中所产生的未来净现金流入量的折现额计量；负债按照预计期限内需要偿还的未来净现金流入量的折现额计量。需要提及的是，FASB第7号概念公告中认为现值仅是一个分配方法，对其加以计算是为了探求公允价值，公允价值在FASB的概念框架中是取代未来现金流量现值的会计属性。

第五，公允价值。公允价值计量是指资产和负债按照公平交易中，熟悉情况的交易双方自愿进行资产交换或者债务清偿的金额进行计量。

(三) 计量属性的应用

在会计实务中，对不同计量属性的应用情况并不相同。其中历史成本应用于交易或事项发生时某一项目的"初始确认"。只要该要素在后续期间继续为一个主体所持有而不加以处置，那么，即使资产的市场价格在以后发生了变动，其后可以不必"重新估价"。如果该要素已完全没有使用价值，不再含有未来的经济利益，则对其进行"终止确认"。对历史成本的采用无须后续计量，这样可以节约会计信息加工的成本。

对于其他如现行成本、公允价值等计量属性而言，也都可以应用于交易或事项发生时对某一要素的"初始计量"，在这些要素完全或部分丧失经济利益时，也同样需要进行部分或全部"终止确认"。但与历史计量属性不同的是，应用这些计量属性时，在后续年度都需要进行"后续确认与计量"，即每年都需要重新估计现行成本、公允价值等。作为对外会计，以财务报告的形式有效地向外部使用者提供合乎要求的会计信息是其最终的目的。按照FASB概念框架的观点，"财务报告的编制不仅包括财务报表，还包括其他传输信息的手段，其内容直接或间接地与会计系统所提供的信息有关。"

无论是财务报表还是其他财务报告都是用来向资本市场的投资者表述并传递与特定主体的财务状况、经营成果和现金流量相关且对决策有用的信息的手段。

其中财务报表分为表内和表外附注两大部分，都要遵循公认会计原则（GAAP），并应经注册会计师审计。在财务报表内进行表述实质是"后续确认"的过程，即遵守相应确认的基本标准，对初始确认形成的日常会计记录进行后续确认，以文字说明与数字相结合的方式形成财务报表的主体，即表内内容。附注也是财务报表的一个组成部分，但是不同于表内，它可以只采用文字说明，并且在不更正表内确认的内容基础上对其进行解释或补充说明。为了区别，在附注中的表述被称为"披露"。在附注中披露的信息通常包括两部分：①法定要求披露的信息；②企业管理当局自愿披露的信息。其中法定要求披露的信息来源又有两个：一是会计准则，在会计准则中除了对确认和计量进行规范外，还会指出应当披露的事项（主要在会计报表附注中）；另一个来源于证监会颁布的披露准则，不过一般仅适用于上市公司。

至于其他财务报告进行的信息披露主要是因为财务报表的局限所引起的。正如 FASB 在第 1 号概念公告中所指出的："某些有用的信息用财务报表传递较好，而某些信息则通过其他财务报告的形式更好。"在其他财务报告中披露的信息可以不受 GAAP 的限制，也可以不经过注册会计师审计，但是要求请注册会计师或者相关专家审阅。

回顾财务报告的发展过程，会发现财务报告主体的变化较小，而报表外的各种补充说明和解释却越来越多，财务报告全文的厚度日益增加。尽管如此，人们发现不断扩容的财务报告仍然不能准确可靠地反映企业的经营风险和业绩，加强信息透明度仍然是资本市场的一大呼声。

第三节　财务会计管理原则

财务会计管理原则是企业在财务管理和会计核算过程中必须遵循的一系列准则和指导思想。这些原则不仅规范了企业的财务行为，还确保了财务信息的真实性、可靠性和可比性，为企业的健康发展和外部利益相关者的决策提供了有力支持。

具体来说，财务会计管理原则是指在企业的财务工作中，为规范企业的会计核算和财务行为，确保财务信息的真实性和可靠性，以及提高财务管理效率而制定的一系列准则和指导思想。这些原则旨在通过明确的规范，引导企业按照科学、合理的方法进行财务管理和会计核算，从而保障企业的财务健康，并为外部利益相关者提供准确、可靠的财务信息。

一、财务会计管理原则的主要内容

(一) 可靠性原则

财务会计管理原则中的可靠性原则是确保会计信息质量的核心原则之一，其重要性在于能够保障会计信息的真实性和可信赖度，从而为财务报告使用者提供有价值的决策依据。可靠性原则要求企业以实际发生的交易或事项为依据进行确认、计量和报告，确保会计信息真实可靠、内容完整。这一原则不仅强调了会计信息的客观真实性，同时也要求信息的可验证性和中立性，确保会计信息能够经得起检验，不受个人偏好的影响，从而真正地反映企业的财务状况和经营成果。

具体来说，可靠性原则体现在以下几个方面：首先，会计信息的真实性。这意味着企业必须以实际发生的交易或事项为基础，进行会计确认、计量和报告，确保提供的会计信息能够准确反映企业的财务状况和经营成果。会计信息的真实性要求会计处理必须基于合法的凭证，确保内容真实、数字准确、资料可靠。其次，会计信息的可验证性。可验证性是指不同的人员通过检查相同的证据、数据和记录，能够得出相同或相近的结论。这一要求确保了会计信息的客观性和可信度，使得会计信息能够在不同用户之间共享，增强了信息的透明度和公信力。最后，会计信息的中立性。中立性要求会计信息在编制过程中保持客观公正，不带任何倾向性，确保信息能够公平地反映企业的实际情况，避免因信息的偏向性而误导决策者。

可靠性原则在财务报表编制中的应用尤为关键，它要求企业在编制财务报表时，必须确保记账凭证的真实性和准确性，这是财务会计处理的基础；同时，会计核算的准确性和完整性也是保证财务报表可靠性的关键环节。此外，财务报表的真实性和可比性同样重要，它们确保了财务报表能够真实反映企业的财务状况和经营成果，同时也方便了不同企业之间的财务信息对比分析。最后，财务报表披露的真实性和完整性，是保障投资者和其他利益相关方能够基于可靠信息做出明智决策的重要保障。

(二) 相关性原则

财务会计管理原则中的相关性原则，旨在确保会计信息对财务报告使用者的决策具有实际价值，即信息应当与使用者的决策需求紧密相连，能够帮助他们评估过去的决策结果、预测未来的经济活动，并据此做出合理的经济决策。相关性原则强调的是会计信息对于决策支持的有效性和及时性，它要求会计信息不仅要准确、全面，还必须具备预见性和反馈功能，以便于使用者根据这些信息调整自己的行为或策略。

具体而言，相关性原则体现在会计信息的预测价值、反馈价值以及及时性上。首先，预测价值意味着会计信息应当有助于使用者预测未来的经济活动及其后果，比如通过财务报表分析企业的盈利能力、偿债能力和持续经营能力等，为投资者、债权人等外部用户提供投资或信贷决策的支持。其次，反馈价值指的是会计信息能够帮助使用者评估过去决策的效果，通过比较预期结果与实际结果之间的差异，了解决策的成效并进行相应的调整。最后，及时性要求会计信息应当在对决策有用的时间内提供给使用者，过时的信息可能因为失去了时效性而失去其相关性，无法满足使用者的需求。

为了确保会计信息的相关性，企业在进行会计确认、计量和报告时，需要综合考虑信息的重要性、可理解性和可比性等因素。重要性原则要求企业提供那些可能影响使用者决策的信息，即使这些信息可能只对少数人的决策产生影响；可理解性原则则强调信息应当清晰易懂，使所有使用者都能理解和使用；而可比性原则则要求不同时期或不同企业之间的会计信息应当具有可比性，以便于使用者进行横向或纵向的比较分析。这些原则共同作用，确保了会计信息不仅真实可靠，而且与使用者的需求高度契合，为他们提供了有效的决策支持。

在实际操作中，实现会计信息的相关性往往需要企业不断地优化和完善自身的会计信息系统，包括但不限于改进会计政策的选择、提高会计信息的收集和处理效率、加强内部控制制度建设等方面。同时，企业还需要密切关注外部环境的变化，如法律法规的更新、行业标准的变动等，确保所提供的会计信息始终符合最新的要求，保持其相关性和有效性。

（三）可比性原则

可比性原则是财务会计管理中的一个重要原则，其核心在于确保不同企业或同一企业在不同会计期间的财务信息能够相互比较，从而为财务报告使用者提供有意义的数据支持。这一原则的实施，不仅有助于投资者、债权人等外部使用者评估企业的财务状况和经营成果，还能为企业内部管理提供参考，促进资源的有效配置和决策的科学化。

可比性原则是财务会计管理中不可或缺的一部分，它通过确保会计信息的一致性和标准化，提高了财务报告的透明度和可信度，为财务报告使用者提供了有价值的决策支持。企业应严格遵守这一原则，不断提升财务信息的质量，促进资本市场的健康发展。

（四）权责发生制原则

权责发生制原则是财务会计管理中的一个核心原则，它要求企业在确认收入和费用时，应根据交易或事项的实际发生时间，而不是现金的实际收付时间来进行会计处理。这一原则的目的是更加准确地反映企业的财务状况和经营成果，确保财务报表能够提供更加真实、完整和有用的会计信息，为管理层和外部使用者提供决策支持。

具体而言，权责发生制原则主要体现在以下几个方面：

第一，收入的确认。根据权责发生制原则，收入应在企业完成销售商品、提供劳务等经济活动，并且相关的经济利益很可能流入企业时予以确认，无论款项是否已经收到。例如，一家公司在本年度末向客户销售了一批商品，虽然货款尚未到账，但由于销售合同已经签订并且货物已经交付，公司应在本年度内确认这笔销售收入。这样做可以更准确地反映公司在该会计期间内的实际经营成果，避免因收款时间的不确定性而影响收入的确认。

第二，费用的确认。同样地，费用也应在导致企业经济利益减少的交易或事项实际发生时予以确认，而不论款项是否已经支付。例如，企业购买了一年的保险服务，在支付保费时并没有立即消耗这项服务，因此，企业应该按照服务的使用情况（通常是按月）逐步确认保险费用，而不是一次性在支付时全部计入当期费用。这样处理可以确保费用与相关的收入在同一会计期间内进行配比，真实反映企业的经营成本和利润水平。

第三，权责发生制原则还要求企业合理估计和确认那些虽然尚未发生但可以合理预见的未来经济活动的影响。例如，企业可能需要预提一些未来需要支付的费用，如预计负债、折旧费用等，以确保财务报表能够全面反映企业的财务状况。这些预提费用的确认，有助于防止企业利润的虚增或虚减，确保财务信息的准确性和可靠性。

权责发生制原则的应用，不仅提高了会计信息的质量，还增强了财务报表的可比性和一致性。通过遵循这一原则，不同企业或同一企业在不同会计期间的财务信息能够更加客观地反映其真实的财务状况和经营成果，为投资者、债权人以及其他利益相关方提供更加有用的信息支持。同时，权责发生制也有助于企业内部管理，促使管理者更加注重经营活动的本质，而非仅仅关注现金流的变化，从而推动企业健康、可持续发展。

（五）成本原则

成本原则是财务会计管理中的一个基本概念，它要求企业在记录资产、负债、收入和费用时，应当以实际发生的成本作为计量基础。这一原则的目的是确保会计信息的真实性和可靠性，防止人为操纵财务数据，为财务报告使用者提供准确的决策依据。成本原则在多个方面发挥着重要作用，包括资产的初始计量、后续计量以及费用的确认等。

第一，资产的初始计量。根据成本原则，企业在购入资产时，应按照实际支付的成本进行记录。例如，购买固定资产时，应将购买价格、运输费、安装费等相关费用全部计入资产的初始成本。这种做法能够真实反映企业获取资产所付出的代价，确保资产的价值在财务报表中得到准确体现。此外，对于通过交换或其他方式获得的资产，也应以其公允价值或换出资产的账面价值作为初始计量的基础，以保持会计信息的一致性和可比性。

第二，资产的后续计量。成本原则不仅适用于资产的初始计量，还要求企业在后续会计期间继续以历史成本为基础对资产进行计量。例如，固定资产在使用过程中会发生磨损和贬值，企业应按照规定的折旧方法计提折旧费用，逐年减少固定资产的账面价值。这样处理可以确保资产的账面价值与实际价值保持一致，避免因市场价格波动而引起的会计信息失真。当然，对于某些特殊资产，如金融工具和投资性房地产等，会计准则允许采用公允价值计量，以更好地反映市场变化。

第三，费用的确认。成本原则还要求企业在确认费用时，应以实际发生的成本为基础。例如，企业在生产产品时发生的原材料成本、人工成本和制造费用等，都应在实际发生时予以确认，并按照一定的分配方法计入产品的成本。这样可以确保成本与收入的配比，真实反映企业的经营成果。此外，对于一些预提费用和摊销费用，也应按照成本原则进行合理估计和分期确认，以保持会计信息的连续性和一致性。

（六）持续经营原则

所谓持续经营原则，指一个会计主体的经营活动将会无限期地延续下去，在可以预见的未来，会计主体不会遭遇清算、解散等变故而不复存在。持续经营的前提，要求企业在进行财务会计核算时，要以企业持续正常的业务经营活动为前提，企业拥有的资产应按预定的目标耗用、出售、转让、折旧等，企业所承担的各种债务也要按原计划如期偿还。

明确这个基本前提就意味着会计主体将按照既定用途使用资产，按照既定的合约条件清偿债务，会计人员就可以在此基础上选择会计原则和方法。持续经营企业的会计核算应当采用非清算基础，例如，资产按成本计价就是基于持续经营这一假设或前提的。然而，在市场经济条件下，优胜劣汰是一项竞争原则。每一个企业都存在经营失败的风险，都可能变得无力偿债而被迫宣告破产进行法律上的改组。一旦会计人员有证据证明企业将要破产清算，持续经营的基本前提或假设便不再成立，企业的会计核算必须采用清算基础。

有了持续经营的假设才能对资产按历史成本计价，折旧费用的分期提取才能正常进行，否则资产的评估、费用在受益期的分配，负债按期偿还，以及所有者权益和经营成果将无法确认。

（七）谨慎性原则

谨慎性原则是财务会计管理中的一个重要原则，其核心思想是在会计处理过程中，对于不确定的事项和潜在的风险，应采取保守的态度，避免高估资产和收益，低估负债和费用。这一原则的目的是确保财务信息的稳健性和可靠性，防止企业因过度乐观的会计处理而误导财务报表的使用者。

谨慎性原则包含以下主要内容：

一是避免高估资产和收益。在会计处理中，对于存在不确定性的事项，应尽量避免高估资产和收益。例如，应收账款的坏账准备应充分计提，以反映可能发生的坏账损失；未实现的收益不应提前确认，以免虚增利润。

二是充分估计负债和费用。对于可能发生的负债和费用，应充分估计并及时确认。例如，产品质量保证费用、诉讼费用等，即使在实际发生之前，也应根据合理的估计进行预提，以反映潜在的风险。

三是合理评估潜在风险。在财务报表中，应充分披露可能影响企业财务状况和经营成果的潜在风险。例如，企业应披露未决诉讼、担保责任等事项，使财务报表的使用者能够全面了解企业的风险状况。

四是保守处理会计估计。在进行会计估计时，应采取保守的态度，避免过于乐观的假设。例如，固定资产的使用寿命和残值、无形资产的摊销年限等，应基于谨慎的估计进行会计处理。

谨慎性原则通过保守的会计处理方法，防范潜在风险，增强透明度，促进合规经营。企业应严格遵循谨慎性原则，合理评估和处理不确定事项，为财务报表的使用者提供有价值的决策支持。这一原则不仅有助于提高企业的管理水平，还能增强外部利益相关方对企业的信任，为企业的可持续发展奠定坚实的基础。

二、财务会计管理原则的作用

(一) 提高财务信息质量

这些原则要求企业在编制财务报表时，应充分披露相关信息，避免误导外部利益相关者。同时，这些原则还要求企业在面对不确定性和风险时，应保持谨慎的态度，对可能发生的损失和费用进行充分估计和确认。这些措施有助于提高财务信息的质量，为外部利益相关者的决策提供有用的参考依据。

(二) 保护外部利益相关者利益

企业的财务会计管理原则，通过制定严格的会计核算和财务行为规范，有效地维护了外部利益相关者的权益。这些原则强调，在编制财务报表的过程中，企业必须全面考虑外部利益相关者的需求，确保所提供的信息对其经济决策具有实际参考价值。此外，面对各种不确定性和风险，这些原则还要求企业采取谨慎态度，防止资产和收益的高估，以及负债和费用的低估。这些举措共同确保了外部利益相关者能够获取到精确且可靠的财务信息，从而能够做出明智的经济决策。

(三) 加强内部控制和风险管理

财务会计管理原则要求企业在会计核算过程中，应建立完善的内部控制制度和风险管理机制，确保各项财务活动的合规性和有效性。这些措施有助于企业及时发现和防范潜在的风险和问题，提高风险管理的效率和质量，为企业的稳健发展提供保障。

综上所述，财务会计管理原则在企业财务管理和会计核算过程中发挥着重要作用。这些原则不仅规范了企业的财务行为，确保了财务信息的真实性和可靠性，还提高了财务信息的质量，保护了外部利益相关者的利益，促进了企业的健康发展，加强了内部控制和风险管理。因此，企业在财务管理和会计核算过程中，应严格遵守财务会计管理原则的要求，确保财务信息的真实性和可靠性；同时，还应不断完善内部控制制度和风险管理机制，提高财务管理效率和质量；为企业的稳健发展提供有力支持。

第二章　认识审计

第一节　审计的概念

审计是独立客观的经济监督、确认和鉴证活动。它是由独立的专职机构或人员接受委托或授权，对被审计单位特定时期的财务报表及其他有关资料以及经济和管理活动的真实性、合法性、合规性、公允性、有效性和效益性进行监督、确认和鉴证的活动，其目的在于确定或解除被审计单位的受托经济责任，帮助被审计单位实现其目标。在全面了解审计前，首先需要分析审计的特征。

一、审计的特征

(一) 独立性

独立性是保证审计工作顺利进行的必要条件。审计的原始意义就是查账，即由会计人员以外的第三者，对会计账目和财务报表进行审查，借以验证其公允性和合法性。现代审计理论中的三种审计关系人就是据此产生的。第一关系人，即审计主体 (审计机构或人员)，它们根据审计委托者的委托，就被审计单位的财务状况、经营管理活动及有关人员履行受托经济责任情况进行监督、确认和鉴证，并提出审计报告书或证明书；第二关系人，即审计客体 (被审计单位)，它们对审计委托者承担的委托经济责任，须经审计机构或人员监督、确认和鉴证后才能确定或解除；第三关系人，即审计委托者，被审计单位对它们承担某种受托经济责任，它们之间存在一定的权责关系。

审计关系必须由委托审计者、审计者和被审计者三方构成，缺少任何一方，独立、客观公正的审计将不复存在。这是由财产所有权与经营管理权相分离所产生的受托经济责任所决定的。财产所有者对公司拥有所有权但不亲自参加经营管理，为了保护自身的利益，财产所有者迫切希望了解与自己有经济关系的经济组织的财务收支和经济状况，这就需要对负有受托经济责任的经营管理者进行监督、确认和鉴证，而这种监督、确认和鉴证只有由独立于他们之外的第三者进行，才能得到合法、公允、可靠的结果。这就是审计机构或审计人员的独立性。

（二）权威性

审计机构的权威性是审计监督正常发挥作用的重要保证。审计机构的独立性，决定了它的权威性。审计机构或人员以独立于公司所有者和经营者的"第三者"身份进行工作，其对公司财务报表的经济监督、确认和鉴证，恪守独立、客观、公正的原则，按照有关法律法规，根据一定的准则、程序进行；加上取得审计人员资格必须通过国家或职业团体规定的严格考试，因而他们具有较高的专业知识，这就保证了其所从事的审计工作具有专业性、科学性。正因为如此，审计人员的审计报告具有一定的社会权威性，并使经济利益不同的各方乐于接受。各国为了保障审计的这种权威性，分别通过公司法、商法、证券交易法、破产法等，从法律上赋予审计在整个市场经济中的经济监督、经济评价和经济鉴证的职能。一些国际组织为了提高审计的权威性，也通过协调各国的审计准则、标准，使审计成为一项国际性的专业服务，增强各国财务信息的一致性和可比性，以有利于加强国际经济贸易往来，促进国际经济的繁荣。

二、审计的含义

审计是一种独立、系统的过程，旨在评估和验证组织的财务报表、内部控制体系、运营活动及其他相关信息的准确性、合法性、合规性和有效性。审计的主要目标是为财务报表的使用者（如股东、债权人、监管机构等）提供关于财务报表真实性和公允性的合理保证，帮助他们做出明智的决策。审计不仅涉及财务信息的验证，还包括内部控制的有效性评估和运营活动的合规性检查。审计过程通常由独立的专业人员或机构执行，确保审计结果的客观性和公正性。

第二节 审计的职能

审计职能是指审计本身所固有的内在功能。审计有什么职能，有多少职能，这些都不是由人的主观意愿决定的，而是由社会经济条件和经济发展的客观需要决定的。审计职能不是一成不变的，它是随着经济的发展而发展变化的。目前，对于审计职能的论述，见解各异。通过总结历史和现实的审计实践，我们认为，审计具有经济监督、经济确认和经济鉴证的基本职能。

一、经济监督

监督是指监察和督促。经济监督是指监察和督促被审计单位的全部经济活动或其某一特定方面在规定的标准以内，在正常的轨道上进行。

纵观审计产生和发展的历史，审计无不表现为经济监督的活动，履行着经济监督的职能。古代封建王朝的官厅审计，为维护统治，代理皇室专司财经监督的职责，对侵犯皇室利益者予以惩处。资本主义政府审计为维护资产阶级的整体利益，代理政府专司经济监督的职责，对损害资本主义利益的行为进行严格的审查和处罚。社会主义国家的政府审计通过审计监督，可以严肃财经纪律，维护国家、人民和国有资产的利益，可以保证政府机关国有企事业单位经济活动的合法性。可见，经济监督是政府审计的基本职能。

二、经济确认

经济确认就是通过审核检查，确定被审计单位的计划、预算、决策、方案是否先进可行，经济活动是否按照既定的决策和目标进行，经济效益的高低优劣，以及内部控制系统是否适当有效等，从而有针对性地提出意见和建议，以促使其改善经营管理，提高经济效益。

审核检查被审计单位的经济资料及其经济活动，是进行经济确认的前提。只有查明了被审计单位的客观事实，才能按照一定的标准，进行对比分析，形成各种经济确认意见。这样，经济确认才能建立在真实情况的基础之上，确认的结论才能客观、公正，才能被社会各界所接受。经济确认的过程同时也是肯定成绩、发现问题的过程。审计咨询是紧接着经济确认而产生的，是经济确认职能的扩展。审计咨询就是审计人员从经济确认出发，提出改进经济工作、提高效率的建议和措施。国际内部审计师协会理事会将内部审计定义为：内部审计是一种独立、客观的确认和咨询活动，旨在增加组织的价值和改善组织的运营。

三、经济鉴证

鉴证是指鉴定和证明。经济鉴证是指通过对被审计单位的财务报表及有关经济资料所反映的财务收支和有关经济活动的合法性、公允性的审核检查，确定其可信赖的程度，并做出书面报告，以取得审计委托人或其他有关方面的信任。

经济鉴证职能是随着现代审计的发展而出现的一项职能，它不断受到人们的重视而日益强化，并显示其重要作用。西方国家非常重视审计的经济鉴证职能，不少国家的法律明文规定，公司的财务报表必须经过审计人员鉴证之后，才能获得社会上的承认。我国各类公司财务报表必须经中国注册会计师鉴证后，才具有法律效力。审计的经济鉴证职能将越来越发挥其在经济生活中的重要作用。

应该说，不同的审计组织形式在审计职能的体现上侧重点有所不同，政府审计侧重于经济监督，内部审计侧重于经济确认，民间审计则更侧重于经济鉴证。

第三节　审计的方法

一、审计方法的选用

审计方法是指审计人员检查和分析审计对象，收集审计证据，并对照审计依据，形成审计结论和意见的各种专门手段的总称。

审计方法是从长期审计实践中总结和积累起来的。审计人员在审计工作过程中，为了实现审计目标，完成审计任务，必须运用各种审计方法，对审计对象进行审查和评价，收集各种审计证据，据以发表审计意见和做出审计结论。

现代审计方法已经超越了传统的事后查账技术，发展到广泛运用审计调查、审计分析、内部控制系统评审及经营风险导向等技术方法，日趋多样化和现代化，形成了一个完整的审计方法体系，包括审计的基本方法和技术方法。

审计的基本方法是指将马克思主义辩证唯物论和历史唯物论作为指导的工作方法，以及审计计划管理、档案管理的方法，适用于各种审计项目。具体包括实事求是，一切从实际出发；透过现象看本质；要相互联系地看问题；要有长远观点；要有全面观点；既要凭借专业技能，又要依靠职工群众。

审计的技术方法是指为了证实被审计单位的实有资产、负债和所有者权益，核实会计记录和财务报表等的公允性和合法性的方法。

在审计过程中，如果选用恰当的审计方法，便能提高审计工作的效率，收到事半功倍的效果。相反，如果采用的审计方法不恰当，不但不能以一定的人力、物力取得必要的审计证据，而且可能误入歧途，导致错误的审计意见和结论。审计方法的选用应当符合以下要求：

第一，审计方法的选用要适应审计的目的。审计方法是达到审计目的的手段，要达到不同的审计目的，就要用不同的审计方法。如在财经法纪审计中，可根据有关线索，对有关方面进行详细审查；在财政财务审计中，则在评价被审计单位内部控制系统的基础上，决定是进行详查还是抽查，等等。

第二，审计方法的选用要适合审计方式。不同的审计方式，所需审计证据不同，可以取证的途径不同，就要采取不同的审计方法。如对被审计单位进行财务审计采用报送审计的方式时，就无法采用盘点法、观察法；而在采取实地审计方式时，这些方法就可以选用。

第三，审计方法的选用要联系被审计单位的实际。被审计单位经营管理良好，内部控制健全有效，就可选用抽查的方法。相反，被审计单位经营管理较差，内部控制不完善，财会工作混乱，则应选用详查的方法。因此，科学、合理地选用审计方法，对做好审计工作，提高审计工作质量具有重要意义。

二、审计工作中审查书面资料的方法

审查书面资料的方法是审计最基本的方法，不管是过去还是现在，不管是国内还是国外，都广泛地采用这类方法。这类方法审查的对象主要是会计凭证、会计账簿和财务报表，因此也叫查账法。

审查书面资料的方法，可以按不同的标准划分为下列方法。

(一) 按审查书面资料的技术分类

按审查书面资料的技术可分为审阅法、核对法、查询法、比较法和分析法。

1. 审阅法

审阅法是指仔细地审查和翻阅会计凭证、会计账簿和财务报表以及计划、预算、决策方案、合同等书面资料，借以查明书面资料及经济业务的公允性、合法性、合规性，从中发现错弊或疑点，收集书面证据的一种审查方法。

审阅法在财政财务审计中运用最为广泛，主要是审阅会计凭证、会计账簿和财务报表。

对原始凭证的审阅，主要看原始凭证上反映的经济业务是否符合规定。还要看凭证上记载的抬头、日期、数量、单价、金额等方面的字迹是否清晰，数字是否相符。如有不符合规定的情况或有涂改字迹、数字的情况，就有可能存在舞弊行为。还要审阅填发原始凭证的单位名称、地址和图章，审查凭证的各项手续是否完备。

对记账凭证的审阅，主要审阅记账凭证是否附有合法的原始凭证；记账凭证的记载是否符合会计准则的规定，是否符合会计原理，所记账户名称和会计分录是否正确，有无错用账户或错记方向的情况。

对账簿的审阅，主要是审阅明细记录的内容是否真实、正确，其账户对应关系是否正确、合理，有无错误或舞弊，特别是注意审阅应收应付账款、材料成本差异、管理费用、制造费用、销售费用、财务费用等容易掩盖错弊和经常反映会计转账事项的账簿。

对财务报表的审阅，主要是审阅报表项目是否按会计准则规定编制；其对应关系是否正确，双方合计数是否相符；按各报表之间有关项目的钩稽关系，核对相关的数据是否一致；审阅各项目是否合理、合规、合法，有无异常变化现象。

除此之外，对计划资料、合同和其他有关经济资料也应审阅，以便掌握情况，发现问题，获取证据。在实际工作中，可以把审阅法与核对法结合起来加以运用。

2. 核对法

核对法是指对会计凭证、会计账簿和财务报表等书面资料之间的有关数据进行相互对照检查，借以查明证证、账证、账账、账表、表表之间是否相符，从而取得有无错弊的书面证据的一种复核查对的方法。

在核对会计资料时，一般主要核对下列内容：

第一，核对原始凭证的数量、单价、金额和合计数是否相符。

第二，核对记账凭证与其所附原始凭证是否相符，原始凭证的合计数与记账凭证的合计数是否相符，原始凭证的张数与金额是否相符。

第三，核对记账凭证是否已记入有关明细账和总账。

第四，核对各明细账户的余额合计数与总账中有关账户的余额是否相符。

第五，核对总账各账户的期初余额、本期发生额和期末余额的计算是否正确，各账户的借方余额合计与贷方余额合计是否平衡。

第六，核对财务报表的数字是否与总账余额或明细账余额相符。

第七，核对银行对账单、客户往来清单等外来对账单是否与本单位有关账项的记载相符。

第八，核对资产负债、利润表、股东权益变动表、现金流量表上的数字计算是否正确无误。

第九，核对资产负债表、利润表、股东权益变动表、现金流量表之间以及利润表与营业收支明细表之间的相关数字是否相符。

第十，核对账卡上所反映的实物余额是否与实际存在的实物数额相符。

通过上述详细核对之后，可以发现会计资料中存在的差错和问题，然后再进一步分析其性质。有的可能是一般工作的差错，有的则可能是违法乱纪行为，应依据问题的性质及其严重程度进行处理。

审计人员在核对过程中应认真细致、有条不紊，这样才不致遗漏和重复。为了使这项工作井然有序，就需要使用一些符号，符号多种多样，既可用本书提供的，也可以自己创造。

3. 询证法

询证法是指审计人员对审计过程中所发现的疑点和问题，通过向被审计单位内外有关人员调查和询问，弄清事实真相并取得审计证据的一种方法。

询证法又分为面询和函询两种。面询是审计人员向被审计单位内外的有关人员当面征询意见，核实情况。征询意见的方式可采用面谈，也可用书面回答。函询是通过向有关单位发函来了解情况取得证据的一种方法。这种方法一般用于往来款项的查证。运用询证法时，审计人员要讲究方式方法，谋求被询证单位和人员的真诚合作，提供真实有用的审计证据。

4. 比较法

比较法是指对被审计单位的审计项目书面资料同相关的标准进行比较，确定它们之间的差异，经过分析从中发现问题取得审计证据的一种方法。

比较法大多通过有关指标进行比较，包括指标绝对数比较和相对数比较。指标绝对数比较适用于同质指标数额的对比。绝对数比较法的主要内容有：实际指标与计划指标比较；本期实际指标与上期实际指标或历史最高水平比较；被审计单位的指标与同行业先进单位的同质指标比较，等等。比较后得出的差异，可作为审计证据。

指标相对数比较是指对不能直接比较的指标，可先将对比的指标数值换算为相对数，然后比较各种比率。如考核和比较规模不同的企业之间的利润水平时，可利用各企业资本金利润率进行比较，借以评价被审计单位的财务状况和经济效益。

5. 分析法

分析法是通过对会计资料有关指标的逻辑推理、分解和综合，以揭示其本质和了解其构成要素的相互关系的审计方法。

分析法在审计工作中运用较为广泛。通过分析发现存在的差距和问题以后，需进一步分析原因，提出改进方法。

审计分析法按其分析的技术，可以分为比较分析、比率分析、账户分析、账龄分析、平衡分析和因素分析等方法。

(二) 按审查书面资料的顺序分类

按审查书面资料的顺序可以分为顺查法和逆查法。

1. 顺查法

顺查法又称为正查法，是按照会计核算的处理顺序，依次对证、账、表各个环节进行检查核对的一种方法。

顺查法的特征：一是从审查原始凭证出发，着重审查和分析经济业务是否真实、正确、合法、合规；二是审查记账凭证，查明会计科目处理、数额计算是否正确、合规，核对证证是否相符；三是审查会计账簿，查明记账、过账是否正确，核对账证、账账是否相符；四是审查和分析财务报表，查明报表各项目是否正确完整，核对账表、表表是否相符。

顺查法的最大优点是系统、全面，可以避免遗漏。其缺点是面面俱到，不能突出重点，工作量太大，耗费人力和时间。只对那些业务十分简单，或已经发现有严重问题的单位或单位中的某些部门进行审计时，才使用这种方法，以便查清全部问题。

2. 逆查法

逆查法的特征：一是从审查和分析被审计单位财务报表出发，从中发现并找出异常和有错弊的项目，据以确定下一步审查的线索和重点；二是根据所确定的可疑账项和重要项目，追溯审查会计账簿，进行账表、账账核对；三是进一步追查记账凭证和原始凭证，进行账证、证证核对，以便查明主要问题的真相、原因及结果。

逆查法的最大优点是便于抓住问题的实质，还可以节省人力和时间。其缺点是不能全面地审查问题，易有遗漏。对于规模较大、业务较多的大中型企业和凭证较多的行政事业单位，都可以采用这种方法。

(三) 按审查书面资料所涉及的数量分类

按审查书面资料所涉及的数量可以分为详查法和抽查法。

1. 详查法

详查法是指对被审计单位一定时期内的所有会计凭证、会计账簿和财务报表或某一项目的全部会计资料进行详细审查的方法。

详查法的特征是：对被审计单位一定时期的会计凭证、会计账簿和财务报表等会计资料和其所反映的财务收支及有关经济活动做全面详细的审查，巨细无遗，以查明被审计单位或被审计项目所存在的各种差错和舞弊。

详查法的主要优点是能全面查清被审计单位所存在的问题，特别是对弄虚作假、营私舞弊等违反财经法纪行为，一般不易疏漏，能够保证审计质量。其缺点是工作量太大，耗费人力和时间，审计成本高，故难以普遍采用，只能用于规模较小的企事业单位或特定情况。

2. 抽查法

抽查法又称抽样法，是指从被审计单位审查期的全部会计资料中抽取一部分进行审查，并根据审查结果推断总体的一种方法。

抽查法的特征是：根据被审计期的审计对象总体的具体情况和审计的目的与要求选取具有代表性的样本，然后根据抽取样本的审查结果来推断总体，或推断其余未抽查部分。

抽查法的主要优点是能明确审查重点，省时省力，具有效率高、成本低和事半功倍的效果。其缺点是审计结果过分依赖抽查样本的合理性，如果抽样不合理，或缺乏代表性，抽查结果往往不能发现问题，甚至以偏概全，做出错误的审计结论。特别是对于发生频率较低的舞弊行为，较难发现。这种方法仅适用于内部控制系统有效、会计基础较好的企事业单位。

从详查法到抽查法，是现代审计的一个重要发展。现代审计的一大进步就是在评审被审计单位内部控制系统的基础上实施抽样审计。

三、审计工作中证实客观事物的方法

证实客观事物的方法，是审计人员收集书面资料以外的审计证据，证明和落实客观事物的形态、性质、存放地点、数量和价值等的方法。这类方法包括盘点法、调节法、观察法和鉴定法。

(一) 盘点法

盘点法又称实物清查法，是指对被审计单位各项财产物资进行实地盘点，以确定其数量、品种、规格及其金额等实际状况，借以证实有关实物账户的余额是否真实、正确，从中收集实物证据的一种方法。

盘点法按其组织方式，分为直接盘点和监督盘点两种。

直接盘点是审计人员亲自到现场盘点实物，证实书面资料与有关的财产物资是否相符的方法。审计人员一般不采用直接盘点。

监督盘点是指为了明确责任，审计人员不亲自进行盘点，而是由经管财产人员及其他有关人员进行实物盘点清查，审计人员只是在一旁对实物盘点进行监督，如发现疑点可以要求复盘核实。在监督盘点方式下，可以采用突击性盘点和抽查性盘点形式。突击性盘点是指事先不告知经管财产的人员在什么时间进行盘点，以防止经管人员在盘点前，对财产保管工作中的挪用、盗窃及其他弊端加以掩饰。对于大宗原材料、产成品等，应采用抽查性盘点。抽查性盘点是指不对所有的财产物资都进行盘点，而只是对一部分财产物资进行抽查核实，以便检查日常盘点工作质量的优劣，检验盘点记录是否真实和正确，查明财产物资是否安全、完整，有无损坏或被挪用、贪污和盗窃等情况。

(二) 调节法

调节法是指在审查某个项目时，通过调整有关数据，求得需要证实的数据的方法。

在审计过程中，往往出现现成的数据和需要证实的数据不一致的情况，为了证实数据是否正确，可采用调节法。如对银行存款实存数的审查，通常运用调节法编制银行存款余额调节表，对企业单位与开户银行双方所发生的"未达账项"进行增减调节，以便根据银行对账单的余额来验证银行存款账户的余额是否正确。

运用调节法还可以证实财产物资是否账实相符。当盘点日与书面资料结存日不同时，结合实物盘点，将盘点日期与结存日期之间新发生的出入数量与结存日期有关财产物资的结存数进行调节，以验证或推算结存日期有关财产物资的应结存数。

(三) 观察法

观察法是指审计人员进驻被审计单位后，对于生产经营管理工作的环境、财产物资的保管情况、内部控制系统的执行情况等，亲临现场进行实地观察，借以查明被审计单位经济活动和内部控制的事实真相，核实是否符合有关标准和书面资料的记载，以取得审计证据的方法。

进行财政财务审计和经济责任审计时，一般要运用观察法进行广泛的实地观察，收集书面资料以外的审计证据。审计人员应深入被审计单位的仓库、车间、科室、工地等现场，对其内部控制系统的执行情况、财产物资的保管和利用情况、工人的劳动效率和劳动态度等生产经营管理活动情况进行直接观察，从中发现薄弱环节以及存在的问题，以便收集审计证据，提出建议和意见，促进被审计单位改进经营管理，提高经济效益。

应用观察法时，要与查询法等其他审计方法结合起来，才能取得更好的效果。必要时，可视具体情况和要求，对现场进行摄像或拍照，作为审计证据。

(四) 鉴定法

鉴定法是指对书面资料、实物和经济活动等的分析、鉴别，超过一般审计人员的能力和知识水平而邀请有关专门部门或人员运用专门技术进行确定和识别的方法。

鉴定法可应用于财政财务审计、财经法纪审计、经济效益和经济责任审计。如对实物性能、质量、价值的鉴定，涉及书面资料真伪的鉴定，以及对经济活动的合理性和有效性的鉴定等；如伪造凭证的人不承认其违法行为，可通过公安部门鉴定其笔迹，以确定其违法行为；又如对质次价高的商品材料的质量情况难以确定时，请商检部门通过检查化验确定商品质量和实际价值等；还可以邀请基建方面的专家，对基建工程进行质量检查等。这是通过观察法不能取证时必须使用的一种方法。

鉴定法的鉴定结论必须是具体的、客观的和准确的，并作为一种独立的审计证据，详细地记入审计工作底稿。

第三章 财务管理理论基础

第一节 财务管理的目标

财务管理的目标是指在特定环境下，通过财务管理活动达到期望的结果，这些结果通常涉及经营机构的盈利能力、运营能力、偿债能力、发展能力等各个方面。

一、财务管理目标的概念

财务管理的目标是指在特定的社会环境和经济环境下，经营机构通过组织财务活动和处理财务关系所期望达到的结果。它是经营机构整个财务管理工作的核心，反映了经营机构在一定时期内财务管理工作的方向和要求。财务管理目标的确立需要充分考虑经营机构内部和外部环境因素，包括市场规模、市场竞争、政策法规、技术发展等方面的因素。

二、财务管理目标的分类

(一) 利润最大化

以追求最大利润为目标，有利于提高经营机构的盈利能力。但这种目标没有考虑到资金的时间价值和风险因素，容易导致经营机构为了追求短期利润而忽视长期利益。

(二) 股东财富最大化

以股东财富最大化为目标，通过实现股票价格最大化来增加股东财富。这种目标考虑了资金的时间价值和风险因素，具有长期性、稳定性的优点。

但这种目标只适用于上市单位，且只关注股东利益而忽视其他利益相关者的利益。

(三) 发展价值最大化

以经营机构发展价值最大化为目标，通过财务规划和控制实现经营机构价值的持续增长。这种目标关注经营机构的长期发展，考虑了资金的时间价值和风险因素，同时关注经营机构社会责任和品牌形象的塑造。但这种目标实现需要经营机构具备完善的财务规划和控制系统。

(四) 相关利益者最大化

以相关利益者最大化为目标，关注经营机构所有利益相关者的利益，包括股东、债权人、员工、客户、供应商等。这种目标认为经营机构的成功与所有利益相关者的支持密不可分，经营机构应当关注利益相关者的需求和利益，通过合作实现共赢。但这种目标在实际操作中存在协调利益相关者利益的问题。

三、财务管理目标的确定原则

(一) 合法性原则

财务管理目标必须符合国家法律法规和政策规定，不能为了追求短期利益而违反法律法规。

(二) 可操作性原则

财务管理目标必须具有可操作性，能够转化为具体的财务管理计划和行动方案。

(三) 可持续性原则

财务管理目标必须考虑经营机构的长期发展，不能只关注短期利益而忽视经营机构的长期价值。

（四）可衡量性原则

财务管理目标必须可以衡量和量化，以便对实现情况进行监测和评估。

（五）协调性原则

财务管理目标必须协调经营机构内部和外部利益相关者的利益关系，实现共赢和发展。

四、财务管理目标的实现途径

（一）建立健全的财务规划和控制系统

经营机构应该根据财务管理目标制定具体的财务规划和实施方案，包括预算规划、资金管理、投资决策、成本控制等方面的内容。同时应该建立完善的财务控制系统，对财务活动进行实时监控和评估，及时调整和完善财务规划方案。

（二）提高经营机构的盈利能力

提高经营机构的盈利能力是实现财务管理目标的关键。经营机构应该通过加强市场营销、提高产品质量、降低成本费用等方式提高盈利能力。[1]同时应该关注市场动态和技术发展，及时调整经营策略和产品结构，保持经营机构的竞争优势。

（三）加强风险管理

经营机构应该建立健全的财务风险管理体系，对市场风险、信用风险、操作风险等进行全面评估和管理。同时应该制定风险应对措施和应急预案，降低风险对经营机构的影响和损失。

（四）协调利益相关者利益

经营机构应该关注利益相关者的利益和需求，通过合作实现共赢和发

---

① 沙桂荣. 论财务管理是现代企业管理的核心 [J]. 纳税，2019(11)：91-94.

展。具体来说，经营机构应该维护好与股东、债权人、员工、客户、供应商等利益相关者的关系，协调好各方利益关系，促进经营机构的发展。

（五）推进财务管理信息化

经营机构应该建立财务管理信息化系统，运用信息技术提高财务管理效率和质量。通过信息化管理可以实现对财务活动的实时监控和数据分析，为经营机构决策提供更加准确和全面的信息支持。

（六）培养高素质的财务管理团队

经营机构应该加强财务管理团队的建设和管理，培养一批高素质的财务管理人才。通过人才引进、培训交流等方式提高团队的专业素质和管理水平，为经营机构的财务管理提供人才保障和支持。

（七）关注社会责任和可持续发展

经营机构应该关注社会责任和可持续发展问题，积极履行社会责任，推动经济、社会和环境的协调发展。具体来说，经营机构应该关注环境保护、安全生产、公益事业等方面的问题，积极参与社会公益活动和文化交流活动，提升经营机构的社会形象和市场影响力。

总之，财务管理目标的确定和实现是一个复杂的过程，需要经营机构在实践中不断探索和创新。经营机构应该根据自身实际情况和市场环境选择适合的财务管理目标，并采取有效的措施推进财务管理目标的实现。同时应该关注市场动态和技术发展，不断调整和完善财务管理体系和方法，提高自身的竞争力和可持续发展能力。

第二节　财务管理的原则

　　财务管理的原则，是指经营机构进行财务管理所应遵循的指导性理念或标准，是对财务活动共同的、理性的认识，它是联系理论与实务的纽带，是为实践所证明了的并且为多数财务人员所接受的财务管理准则。

一、系统原则

　　经营机构是一个包含若干分支机构的整体，构成了一个完整的经济信息系统，经营机构财务管理是经营机构管理系统的一个重要组成部分，属于经营机构管理的子系统，而经营机构财务管理本身又包含筹资管理、投资管理、营运资金管理和利润分配管理各子系统。在财务管理中坚持系统原则，是财务管理工作的出发点，主要包括以下几个方面。

(一) 整体优化系统

　　财务管理必须从经营机构整体战略出发，不是为财务而财务；各财务管理子系统必须围绕整个经营机构战略目标进行，不能"各自为政"实行分权管理的经营机构，各部门的利益应服从经营机构的整体利益。只有从经营机构整体利益考虑，各部门密切配合，才能应对激烈的市场竞争，实现预期目标。

(二) 结构优化系统

　　在经营机构资源配置方面，应注意结构比例优化，从而保证整体优化，如进行资金结构、资产结构、分配结构（比例）优化等。合理的系统结构，有利于资源合理配置，有利于实现资金快速周转，有利于实现预期目标。

（三）环境适应能力优化

财务管理系统处于外部变化的环境之中，必须保持适当的弹性，以适应环境变化带来的困境，做到"知彼知己，百战不殆"，从而实现预期的目标。

二、平衡原则

在财务管理中，贯彻的是收付实现制，而非权责发生制，客观上要求在财务管理过程中做到现金流入与现金流出在数量上、时间上达到动态平衡，即现金流转平衡。经营机构的现金流入和流出的发生，是因营业收入与营业支出产生的，同时又受经营机构筹资与投资活动的影响。获取收入以发生支出为前提，投资以筹资为前提，负债本息的偿还及股利分配要求经营机构经营获利或获得新的资金来源。经营机构就是要在这一系的复杂业务关系中保持现金的收支平衡，而保持现金收支平衡的基本方法是现金预算控制。[①] 现金预算实际上就是筹资计划、投资计划、分配计划的综合平衡，因此，现金预算是进行现金流控制的有效方法。

三、风险与收益均衡原则

在财务管理过程中，要获取收益，总得付出成本，同时也面临风险，因此成本、收益、风险之间总是相互联系、相互制约的。财务人员必须牢固树立成本、收益、风险三位一体的观念，以指导各项具体财务管理活动。

（一）成本、收益权衡

在财务管理中，时时刻刻都需要进行成本与收益的权衡。在筹资管理中，要进行筹资成本与筹资收益的权衡；在长期投资管理中，要进行投资成本与投资收益的权衡；在运营资金管理中，收益难以量化，但应追求成本最低化；在分配管理中，应在追求分配管理成本最小的前提下，妥善处理各种财务关系。

---

① 朱丹珺 . 企业管理中财务管理的重要地位 [J]. 纳税，2019(11)：151.

（二）收益、风险权衡

收益与风险的基本关系是一个对等关系，高收益、高风险，低收益、低风险。但应注意的是，高风险并不必然带来高收益，有时甚至是高损失。可见，认真权衡收益与风险是很重要但也是很困难的。在筹资管理中，要权衡财务杠杆收益与财务风险；在投资管理中，要比较投资收益与投资风险；在分配管理中，要考虑再投资收益与再投资风险。在整个理财中，收益与风险权衡的问题无处不在。一般情况下，风险与收益总是相互矛盾的，为追求较大利益，往往要冒较大风险，如果风险过大，会减弱经营机构未来获利的能力；如果收益过小，也会增加经营机构未来的风险。因此，财务管理的原则是：在风险一定的情况下，使收益达到较高的水平；在收益一定的情况下，将风险维持在较低的水平。

（三）成本、收益、风险三者综合权衡

在理财过程中，不能割裂成本、收益权衡与收益、风险权衡，而应该将成本、收益、风险三者综合权衡，用以指导各项财务决策与计划。权衡即优化，决策的过程即优化的过程。财务管理中，各种方案的优化、整体（总量）优化、结构优化等，都体现了成本、收益、风险三者的综合权衡。

四、代理原则

现代经营机构的委托代理关系一般包括债权人与股东、股东与经理（管理人员）以及经理与雇员等多种关系。经营机构和这些关系人之间，大部分属于委托代理关系。这种既相互依赖又相互冲突的利益关系，需要通过"合约"来协调。在组成合约集的众多关系中，都会出现代理难题和代理成本。由于委托人与代理人之间在经营机构的经营过程中会有多次利益背离，委托人为了确保代理人的行为符合自己的利益，就有必要进行激励、约束、惩罚和监督，而这些强制措施都会带来代理成本。为了提高经营机构的财务价值，经营机构将采取更加灵活多样的激励机制，如员工持股、利润分成、高层管理人员股票期权以及灵活的福利制度等，来降低经营机构的代理成本，同时也增加员工对经营机构的认同感。另外，对于财务合约中的债务合约、

管理合约等的执行情况要进行监督，建立健全完善的约束机制。

只要经营机构的所有权与经营权分离，就必然出现代理问题，在现实生活中，经理的所作所为并非一定能使股东财富价值最大化。例如，员工的收入往往与单位规模、销售额、市场份额、员工数等有关，所以有些经理偏好于扩大投资规模，尽管这样做可能对股东财富的增加并没有贡献，但在这样的环境中，经理更多考虑的是个人的晋升、收入的增加、地位的提高等。

那么，为什么股东不将这些经理解雇呢？从理论上讲，股东选举董事会，董事会任命管理人员。但在现实生活中，往往是管理人员提出董事会的人选并分发选票。实际上股东所面对的候选人名单是由管理人员提供的。最终结果是管理人员选了董事，而这些董事更多地代表管理人员的利益而非股东利益，于是就出现了代理的问题。股东往往花费很多时间来监督管理人员的行为，并试图使他们的利益和自己的利益相一致。对管理人员的监督可以通过对财务报表和管理人员工资的审计来完成。另外，把管理人员的奖金和他们的决策在多大程度上符合股东利益结合起来，也可以在一定程度上解决代理问题。

五、货币时间价值原则

财务管理最基本的观念是货币具有时间价值，但并不是所有的货币都具有时间价值，货币只有被当作资本投入生产流通环节时，才能变得更有价值。在经济学中，货币时间价值是用机会成本表示的。运用货币时间价值观念，要把项目未来的成本和收益都以现值表示，如果收益现值大于成本现值，则项目应予接受，反之，则应拒绝。把未来收益和成本折现，必须确定货币机会成本的大小或利率高低，具体的利率是权衡风险后确定的。因此，风险投资的收益应当高于无风险投资的收益。如购买股票的风险肯定大于将货币存入银行的风险，因此，股票投资收益率必定高于存款收益率。

六、动态管理原则

财务管理的目标是要经营机构实现既定的战略。因此，投资评估和决策时的重点是预测现金流量，确定投资项目的收益，并评估资产和新的投资项目的价值。

在竞争市场上，极高的利润不可能长期存在。在这种情况下，发现收益高于平均收益率的项目十分关键。竞争虽然增加了发现的难度，但可以采取以下措施减少市场竞争。

(一) 使产品具有独特性

产品的独特性使其与其他产品相区别，可抬高产品价格从而增加利润。无论产品的独特性源于广告、专利、服务还是质量，只要产品和同类产品的区别越大，竞争的优势就越大，实现高利润的可能性也越大。

(二) 降低产品成本

降低成本一是可以显著提高自身的竞争力。在市场中，经营机构可以通过降低成本来降低产品或服务的价格，从而吸引更多的消费者，扩大市场份额，提高市场竞争力。

二是降低成本可以增加利润。当经营机构能够有效地降低成本时，将有更多的资金可用于研发、市场推广和人力资源等方面，从而提高盈利能力。

第三节　财务管理的模式

财务管理模式是指管理者在一定财务管理思想的指导下，对企业财务管理目标、财务管理对象和财务管理方法进行整合以推动财务管理活动有效、合理运行的一种管理状态。

管理活动中所采用的财务组织结构、财务管理行为、财务管理手段等的综合体现，其实质是对企业资本进行有效运营，以实现企业财务管理目标。财务管理模式的设计应考虑企业规模、行业特点、业务类型等因素，要有利于提高财务管理效率。根据现代企业的特点，财务管理模式应由以下几个部分构成。

一、财务管理模式的构成

(一) 财务管理理念模式

财务管理理念，即企业财务管理的观念，是对财务工作过程中形成的基本观点和基本思想的认识，它体现了财务管理者的立场、观点和方法，是进行企业财务管理工作的重要基础，对企业财务管理的内容、方法及其工作质量具有重要影响。

财务管理理念分为基础理念、核心理念和业务理念三个层次。基础理念是指财务管理过程中最基本的，对财务管理方法的形成和运用具有指导性的理念，如系统理念、平衡理念、弹性理念、优化理念等。核心理念是指财务管理各种方法运用过程中必须持有的理念，它决定着财务管理方法是否能被正确运用，如货币时间价值理念、风险与收益配比理念、资金成本理念等。业务理念是指在财务管理的某一领域中运用某一方法时企业所选用的理念，这些理念只是针对某类财务管理活动而发挥作用，如筹资时的资本结构理念和财务杠杆理念，投资时的投资组合理念和经营杠杆理念，在企业运营控制中的资金流转理念、选择分配政策时的资本结构理念和分配政策理念等。

科学的财务管理理念是与时俱进的，是与不断变化的财务管理环境相适应的，它可以使企业在新的发展时期抓住机遇，促进企业的可持续发展。

(二) 财务管理目标模式

财务管理目标又称理财目标，是企业进行财务活动所要达到的根本目的，是评价企业理财活动是否合理的基本标准，它决定财务管理的基本方向。

财务管理目标是一个由整体目标、分部目标和具体目标构成的目标体系。整体目标是整个企业进行财务管理所要实现的目标，也就是我们通常所说的财务管理目标，它决定着分部目标和具体目标，是财务活动的出发点和归宿。分部目标是指在整体目标的制约下，进行某一部分财务活动所要实现的目标，如筹资目标。具体目标是指在整体目标和分部目标的制约下，从事某项具体财务活动所要达到的目标，如某次借款要达到的目标，是整体目标和分部目标的落脚点。

财务管理目标制约着财务运行的基本特征和发展方向，是财务运行的一种驱动力。科学合理的财务目标，可以优化理财行为，实现财务管理的良性循环。

（三）财务关系模式

财务关系是企业在理财活动中产生的与各相关利益主体间的经济关系。可以概括为五个方面的内容：企业与出资者之间的财务关系、企业与债权人之间的财务关系、企业与国家作为行政事务管理者之间的财务关系、企业与市场交易主体之间的财务关系和企业内部各部门之间的财务关系。

科学合理的企业财务关系模式可以规范现代企业的各项财务关系，尤其是内部财务关系。

（四）财务权责模式

财务权责是指用于规范企业各级财务管理单位（人员、机构）的权利与责任，是财务管理权利与责任的统称。

合理的财务权责模式应能使企业各级财务管理人员的权利和责任都十分明确，做到各司其职、各负其责，充分调动各方面的积极性。

财务运行模式是财务各要素之间彼此依存、有机结合和自动调节所形成的内在关联和运行方式，是企业财务管理模式的主要部分。它包括财务组织机构的设置、财务信息沟通机制、财务管理与控制机制和财务激励机制。

有效的财务运行模式应能规范企业财务管理的系统内容、工作过程及机构设置等。

通看这几个子模式，我们不难发现，这正好体现了财务管理的基本过程：从财务管理理念开始，经过实施财务运行模式，从中体现出一定的财务关系和财务权责，最终达到预定的财务管理目标。

二、财务管理模式的特点

(一) 稳定性

企业财务管理模式既然是一种标准样式，是制度化，那么一经形成，就应该以稳定的形式实施其管理活动并发挥作用，如稳定的管理流程、财务制度、管理方式等，而不是随心所欲的。要保持财务管理模式的稳定性与连贯性，使财务预测、决策、控制等财务管理方法能有效施行，尽力提高财务管理效率。当然，这种稳定性是较短时期内的稳定，是动态中的静态，绝不是恒定不变的。

(二) 一致性

财务管理是企业管理的重要手段，其管理目标要受企业总体目标的制约，因此，财务管理模式不仅要与企业生存的宏观经济环境相适应，还要与企业内部的微观经营状况 (规模、组织结构等) 相一致。在不同的经济体制下，企业的财务管理模式是不同的；面对不同的经营现状，应采用不同的财务管理模式；在不同的发展阶段，应采用不同的财务管理模式。

(三) 可调节性

虽然企业财务管理模式具有稳定性，但并不代表其是一成不变的，为了与企业面对的宏观和微观经济环境，以及企业的发展需要相一致，必然会随着这些因素的变化进行调节，故具有一定的可调节性。通过调节，以适应企业的需要，这种调节使企业财务管理模式的发展呈现阶段性。财务管理模式本身应该是不断发展的，这种发展过程从短时间来看，更多的是一种调节过程，根本的突破性的发展是不常见的。

(四) 协调性

财务管理是企业管理的重要组成部分，与生产管理、营销管理并称为企业的三大决策支柱，在企业的生产经营中共同发挥作用，可以说，一个企业的发展应该是一种合力作用的结果。由此可知，财务管理与生产管理、营销管理还有新兴的人力资源管理之间有非常密切的关系。在一定程度上，可以说它们是相互依存、相互促进的。因此，好的财务管理模式必须能与其他管理模式相协调，即具有协调性，以达到最佳的作用效果。

第四章 财务会计货币资金管理

第一节 现金

一、现金的概念及范围

现金是货币资金的重要组成部分，作为通用的支付手段，也是对其他资产进行计量的一般尺度和会计处理的基础。它具有不受任何契约的限制、可以随时使用的特点。可以随时用其购买所需的物资，支付有关的费用，偿还债务，也可以随时存入银行。由于现金是流动性最强的一种货币资金，企业必须对现金进行严格的管理和控制，使现金能在经营过程中合理通畅地流转，提高现金使用效益，保护现金安全。现金有狭义的概念和广义的概念之分。狭义的现金仅指库存现金，包括人民币现金和外币现金。

我国会计实务中定义的现金即狭义的现金，而很多西方国家较多地采用了广义的现金概念。广义的现金除库存现金外，还包括银行存款，也包括其他符合现金定义、可以普遍接受的流通中的票证，如个人支票、旅行支票、银行汇票、银行本票、邮政汇票等。但下列各项不应列为现金：①企业为取得更高收益而持有的金融市场的各种基金、存款证以及其他类似的短期有价证券，这些项目应列为短期投资。②企业出纳手中持有的邮票、远期支票、被退回或止付的支票、职工借条等。其中，邮票应作为库存办公用品或待摊费用；欠款客户出具的远期支票应作为应收票据；因出票人存款不足而被银行退回或出票人通知银行停止付款的支票，应转为应收账款；职工借条应作为其他应收款。③其他不受企业控制、非日常经营使用的现金。例如，公司债券偿债基金、受托人的存款、专款专储等供特殊用途使用的现金。

二、现金的内部控制

由于现金是交换和流通手段，又可以当作财富来储蓄，其流动性又最强，因而最容易被挪用或侵占。因此，任何企业都应特别重视现金的管理。现金流动是否合理和恰当，对企业的资金周转和经营成败至关重要。为确保现金的安全与完整，企业必须建立健全现金内部控制制度。而且，由于现金是一项非生产性资产，除存款利息外不能为企业创造任何价值，因此，企业的现金在保证日常开支需要的前提下不应持有过多，健全现金内部控制制度有助于企业保持合理的现金存量。当然，现金内部控制的目的并不是发现差错，而是要减少发生差错、舞弊、欺诈的机会。一个有效的内部控制制度，不允许由单独一个人自始至终地操纵和处理一笔业务的全过程。必须在各自独立的部门之间有明确合理的分工，不允许一个人兼管现金的收入和支付，不允许经管现金的人员兼管现金的账册。内部控制制度在一定程度上起到保护现金资产安全的作用。此外，也可以利用电子计算机监管各项记录的正确性和提高现金收付的工作效率。健全的现金内部控制制度包括：现金收入控制、现金支出控制和库存现金控制三个部分。

（一）现金收入的内部控制

现金收入主要与销售产品或提供劳务的活动有关，所以应健全销售和应收账款的内部控制制度，作为现金收入内部控制制度的基础。现金收入控制的目的是要保证全部现金收入都无一遗漏地入账。其基本内容有：①签发现金收款凭证（收据）与收款应由不同的经办人员负责办理。一般由销售部经办销售业务的人员填制销货发票和收款收据，会计部门出纳员据以收款，其他会计人员据以入账。处理现金收入业务的全过程由不同人员办理，可以确保销货发票金额、收据金额和入账金额完全一致，能达到防止由单独一个人经办可能发生弊端的目的，起到相互牵制的作用。②一切现金收入必须当天入账，尽可能在当天存入银行，不能在当天存入银行的，应该于次日上午送存银行，防止将现金收入直接用于现金支出的"坐支"行为。③一切现金收入都应无一例外地开具收款收据。对收入款有付款单位开给的凭证，会计部门在收到时，仍应开收据给交款人，以分清彼此责任。④建立"收据销号"制度，监督收入款项的入账。即根据开出收据的存根与已入账的收据联，按编号、金额逐张核对，核对无误后予以注销。作废的收据应全联粘贴在存根上。"收据销号"的目的是确保已开出的收据无一遗漏地收到款项，且现金收入全部入账。⑤控制收款收据和销货发票的数量和编号。领用收据应由领用人签收领用数量和起讫编号。收据存根由收据保管人收回，回收时要签收，并负责保管。要定期查对尚未使用的空白收据，防止短缺遗失。已使用过的收据和发票应清点、登记、封存和保管，并按规定手续审批后销毁。⑥对于邮政汇款，在收到时应由两人会同拆封，并专门登记有关来源、金额和收据情况。

(二) 现金支出的内部控制

现金支出控制的目的是要保证不支付任何未经有关主管认可批准付款的款项。现金支出要遵守国家规定的结算制度和现金管理办法。其基本内容有：

第一，支付现金要符合国家规定的现金使用范围。根据国务院颁发的《现金管理暂行条例》的规定，下列几种情况允许企业使用现金结算：①支付职工的工资、津贴；②个人劳务报酬；③支付给个人的科学技术、文化艺术、体育等各项奖金；④向个人收购农副产品或其他物资而支付的款项；⑤各种劳保、福利费用以及国家规定的对个人的其他支出，如支付的各种抚恤金、退休金、社会保险和社会救济支出；⑥出差人员必须随身携带的差旅费；⑦转账结算起点以下（1000 元）的零星开支；⑧中国人民银行规定的其他使用现金的范围。

第二，与付款相关的授权、采购、出纳、记账工作应由不同的经办人员负责，不能职责不分，一人兼管。

第三，支票的签发至少要由两人签字或盖章，以相互牵制、互相监督。

第四，任何款项的支付都必须以原始凭证作为依据，由经办人员签字证明，分管主管人员审批，并经有关会计人员审核后，出纳人员方能据以办理付款。

第五，付讫的凭证要盖销"银行付讫"或"现金付讫"章，并定期装订成册，由专人保管，以防付款凭证遭盗窃、窜改和重复报销等情况的发生。按照上述内部控制的内容，处理现金支出业务应遵照规定的程序进行。

(三) 库存现金的内部控制

库存现金控制的目的是要确定合理的库存现金限额，并保证库存现金的安全、完整。其基本内容有：①正确核定库存现金限额，超过限额的现金应及时送存银行。库存现金限额应由开户银行和企业共同根据企业的日常零星开支的数额及距离银行远近等因素确定。企业一般保留3到5天的零用现金，最多不得保留超过15天的零用现金。库存现金限额一经确定，超过部分必须在当天或次日上午由企业解交银行。未经银行许可，企业不得擅自坐支现金。确实情况特殊，需坐支现金的，应由企业向银行提交坐支申请，在银行批准的坐支额度内坐支，并按期向银行报告坐支情况。库存现金低于限额时企业可向银行提取现金，补充限额。②出纳人员必须及时登记现金记账，做到日清月结，不得以不符合财务制度和会计凭证手续的"白条"和单据抵充库存现金；不准谎报用途套取现金；不准用银行账户代其他单位和个人存入或支取现金；不准将单位收入的现金以个人名义存储，即"公款私存"；不准保留账外公款，不得设置小金库等。每天营业终了后要核对库存现金和现金日记账的账面余额，发现账实不符，要及时查明原因并予以处理。③内部审计或稽核人员要定期对库存现金进行核查，也可根据需要进行临时抽查。在实务中，不同企业由于其业务性质、经营规模、人员数量、现金的来源渠道和支出用途等因素不同，其现金控制制度也不尽相同。

然而，不同条件下设立内部控制制度应遵循的基本原则是相同的。其基本原则主要体现在两个方面：第一，实施处理现金业务的合理分工，即现金收支业务包括授权、付款、收款和记录等各个环节，应由不同的人员来完成，以便形成严密的内部牵制制度。第二，加强银行对现金收支的控制和监督，即企业应尽可能保持最少量的库存现金，绝大部分现金应存入银行，主要的现金支出都使用支票通过银行办理。这样，不仅可以减少保存大量库存现金的成本和风险，而且银行提供的对账单也为检查现金收支记录的正确性提供了依据。第三，现金业务的会计处理为加强对现金的核算，企业应设置

"现金"账户。"现金"账户借方反映由于现销、提现等而增加的现金，贷方反映由于现购、现金送存银行、发放工资、支付其他费用等而减少的现金。该账户期末借方余额反映企业实际持有的库存现金。

另外，为随时掌握现金收付的动态和库存余额，保证现金的安全，企业必须设置"现金日记账"，按照业务发生的先后顺序逐笔序时登记。每日终了，应根据登记的"现金日记账"结余数与实际库存数进行核对，做到账实相符。月份终了，"现金日记账"的余额必须与"现金"总账的余额核对相符。有外币现金收支业务的单位，应当按照人民币现金、外币现金的币种设置现金账户进行明细核算。

第二节 银行存款

银行存款是企业存放在银行或其他金融机构的货币资金。依国家有关规定，凡是独立核算的单位都必须在当地银行开设账户。企业在银行开设账户以后，超过限额的现金必须存入银行；除按规定限额保留库存现金外，除了在规定的范围内可以用现金直接支付的款项外，在经营过程中所发生的一切货币收支业务，都必须通过银行存款账户进行结算。

一、银行存款账户的管理

(一) 银行存款账户的类型

正确开立和使用银行账户是做好资金结算工作的基础，企业只有在银行开立了存款账户，才能通过银行同其他单位进行结算，办理资金的收付。《银行账户管理办法》将企事业单位的存款账户划分为四类，即基本存款账户、一般存款账户、临时存款账户和专用存款账户。一般企事业单位只能选择一家银行的一个营业机构开立一个基本存款账户，主要用于办理日常的转账结算和现金收付，企事业单位的工资、奖金等现金的支取只能通过该账户办理；企事业单位可在其他银行的一个营业机构开立一个一般存款户，该账户可办理转账结算和存入现金，但不能支取现金；临时存款账户是存款人因临时经营活动需要开立的账户，如临时采购资金等；专用存款账户是企事业单位因特定用途需要开立的账户，如基本建设项目专项资金。

（二）银行存款账户的管理

为了加强对基本存款账户的管理，企事业单位开立基本存款账户实行开户许可证制度，必须凭中国人民银行当地分支机构核发的开户许可证办理。对银行存款账户的管理规定如下：①企事业单位不得为还贷、还债和套取现金而多头开立基本存款账户；②不得出租、出借银行账户；③不得违反规定在异地存款和贷款而开立账户；④任何单位和个人不得将单位的资金以个人名义开立账户存储。

二、银行结算方式的种类

在我国，企业日常与其他企业或个人大量的经济业务往来，都是通过银行结算的，银行是社会经济活动中各项资金流转结算的中心。为了保证银行结算业务的正常开展，使社会经济活动中各项资金得以通畅流转，根据《中华人民共和国票据法》和《票据管理实施办法》，中国人民银行总行对银行结算办法进行了全面的修改和完善，形成了《支付结算办法》，并于1997年12月1日正式施行。《支付结算办法》规定，企业目前可以选择使用的票据结算工具主要包括银行汇票、商业汇票、银行本票和支票，可以选择使用的结算方式主要包括汇兑、托收承付和委托收款三种结算方式以及信用卡，另外还有一种国际贸易采用的结算方式，即信用证结算方式。

（一）银行汇票

银行汇票是由出票银行签发的，由其在见票时按照实际结算金额无条件支付给收款人或持票人的票据。银行汇票具有使用灵活、票随人到、兑现性强等特点，适用于先收款后发货或钱货两清的商品交易。单位和个人各种款项结算，均可使用银行汇票。银行汇票可以用于转账，填明"现金"字样的银行汇票也可以用于支取现金。银行汇票的付款期为1个月。超过付款期限提示付款不获付款的，持票人须在票据权利时效内向出票银行做出说明，并提供本人身份证件或单位证明，持银行汇票和解讫通知向出票银行请求付款。丧失的银行汇票，失票人可凭人民法院出具的其享有票据权利的证明向出票银行请示付款或退款。

企业支付购货款等款项时，应向出票银行填写"银行汇票申请书"，填明收款人名称、支付人、申请人、申请日期等事项并签章。银行受理银行汇票申请书，收妥款项后签发银行汇票，并用压数机压印出票金额，然后将银行汇票和解讫通知一并交给汇款人。申请人取得银行汇票后即可持银行汇票向填明的收款单位办理结算。银行汇票的收款人可以将银行汇票背书转让给他人。背书转让以不超过出票金额的实际结算金额为限，未填写实际结算金额或实际结算金额超过出票金额的银行汇票不得背书转让。收款企业在收到付款单位送来的银行汇票时，应在出票金额以内，根据实际需要的款项办理结算，并将实际结算金额和多余金额准确清晰地填入银行汇票和解讫通知的有关栏内。银行汇票的实际结算金额低于出票金额的，其多余金额由出票银行退交申请人。收款企业还应填写进账单并在汇票背面"持票人向银行提示付款签章"处签章，签章应与预留银行的印鉴相同，然后，将银行汇票和解讫通知、进账单一并交开户银行办理结算，银行审核无误后，办理转账。

(二) 银行本票

银行本票由银行签发并保证兑付，而且见票即付，具有信誉高、支付功能强等特点。用银行本票购买材料物资，销货方可以见票付货，购货方可以凭票提货，债权债务双方可以凭票清偿。收款人将本票交存银行，银行即可为其入账。无论单位或个人，在同一票据交换区域都可以使用银行本票支付各种款项。银行本票分为定额本票和不定额本票：定额本票面值分别为1000元、5000元、10000元、50000元。在票面画去转账字样的为现金本票。银行本票的付款期限为自出票日起最长不超过2个月，在付款期内银行本票见票即付。企业支付购货款等款项时，应向银行提交"银行本票申请书"，填明收款人名称、申请人名称、支付金额、申请日期等事项并签章。申请人或收款人为单位的，银行不予签发现金银行本票。出票银行受理银行本票申请书后，收妥款项签发银行本票。不定额银行本票用压数机压印出票金额，出票银行在银行本票上签章后交给申请人。申请人取得银行本票后，即可向填明的收款单位办理结算。收款单位可以根据需要在票据交换区域内背书转让银行本票。收款企业在收到银行本票时，应该在提示付款时在本票背面"持票人向银行提示付款签章"处加盖预留银行印鉴，同时填写进账单，连同银行本票一并交开户银行转账。

（三）商业汇票

商业汇票是出票人签发的、委托付款人在指定日期无条件支付确定的金额给收款人或者持票人的票据。在银行开立存款账户的法人以及其他组织之间须具有真实的交易关系或债权债务关系，才能使用商业汇票。商业汇票的付款期限由交易双方商定，但最长不得超过6个月。商业发票的提示付款期限自汇票到期日起10日内。存款人领购商业汇票，必须填写"票据和结算凭证领用单"并加盖预留银行印鉴；存款账户结清时，必须将全部剩余空白商业汇票交回银行注销。商业汇票可以由付款人签发并承兑，也可以由收款人签发交由付款人承兑。定日付款或者出票后定期付款的商业汇票，持票人应当在汇票到期日前向付款人提示承兑；见票后定期付款的汇票，持票人应当自出票日起1个月内向付款人提示承兑。汇票未按规定期限提示承兑的，持票人即丧失对其前手的追索权。付款人应当自收到提示承兑的汇票之日起3日内承兑或者拒绝承兑。付款人拒绝承兑的，必须出具拒绝承兑的证明。商业汇票可以背书转让。符合条件的商业承兑汇票的持票人可持未到期的商业承兑汇票连同贴现凭证，向银行申请贴现。商业汇票按承兑人不同分为商业承兑汇票和银行承兑汇票两种。

1.商业承兑汇票

商业承兑汇票是由银行以外的付款人承兑。商业承兑汇票按交易双方约定，由销货企业或购货企业签发，但由购货企业承兑。承兑时，购货企业应在汇票正面记载"承兑"字样和承兑日期并签章。承兑不得附有条件，否则视为拒绝承兑。汇票到期时，购货企业的开户银行凭票将票款划给销货企业或贴现银行。销货企业应在提示付款期限内通过开户银行委托收款或直接向付款人提示付款。对异地委托收款的，销货企业可匡算邮程，提前通过开户银行委托收款。汇票到期时，如果购货企业的存款不足以支付票款，开户银行应将汇票退还销货企业，银行不负责付款，由购销双方自行处理。

2. 银行承兑汇票

银行承兑汇票由银行承兑，由在承兑银行开立存款账户的存款人签发。承兑银行按票面金额向出票人收取万分之五的手续费。购货企业应于汇票到期前将票款足额交存其开户银行，以备由承兑银行在汇票到期日或到期日后的见票当日支付票款。销货企业应在汇票到期时将汇票连同进账单送交开户银行以便转账收款。承兑银行凭汇票将承兑款项无条件转给销货企业，如果购货企业于汇票到期日未能足额交存票款时，承兑银行除凭票向持票人无条件付款外，对出票人尚未支付的汇票金额按照每天万分之五计收罚息。采用商业汇票结算方式，可以使企业之间的债权债务关系表现为外在的票据，使商业信用票据化，加强约束力，有利于维护和发展社会主义市场经济。对于购货企业来说，由于可以延期付款，可以在资金暂时不足的情况下及时购进材料物资，保证生产经营顺利进行。对于销货企业来说，可以疏通商品渠道，扩大销售，促进生产。汇票经过承兑，信用较高，可以按期收回货款，防止拖欠，在急需资金时，还可以向银行申请贴现，融通资金，比较灵活。销货企业应根据购货企业的资金和信用情况不同，选用商业承兑汇票或银行承兑汇票；购货企业应加强资金的计划管理，调度好货币资金，在汇票到期以前，将票款送存开户银行，保证按期承付。

（四）支票

支票是单位或个人签发的、委托办理支票存款业务的银行在见票时无条件支付确定的金额给收款人或者持票人的票据。支票结算方式是同城结算中应用比较广泛的一种结算方式。单位和个人在同一票据交换区域的各种款项结算，均可以使用支票。支票由银行统一印制，支票上印有"现金"字样的为现金支票。支票上印有"转账"字样的为转账支票，转账支票只能用于转账。未印有"现金"或"转账"字样的为普通支票，普通支票可以用于支取现金，也可以用于转账。在普通支票左上角画两条平行线的，为线支票，画线支票只能用于转账，不得支取现金。支票的提示付款期限为自出票日起10日内，中国人民银行另有规定的除外。超过提示付款期限的，持票人开户银行不予受理，付款人不予付款。转账支票可以根据需要在票据交换区域内背书转让。存款账户结清时，必须将全部剩余空白支票交回银行注销。企业财会部门在签发支票之前，出纳人员应该认真查明银行存款的账面结余数额，防止签发超过存款余额的空头支票。签发空头支票，银行除退票外，还按票面金额处以5%但不低于1000元的罚款。持票人有权要求出票人赔偿支票金额2%的赔偿金。签发支票时，应使用蓝黑墨水，将支票上的各要素填写齐全，并在支票上加盖其预留的银行印鉴。出票人预留银行的印鉴是银行审核支票付款的依据。银行也可以与出票人约定使用支付密码，作为银行审核支付支票金额的条件。

（五）信用卡

信用卡是指商业银行向个人和单位发行的，凭以向特约单位购物、消费和向银行存取现金，且具有消费信用的特制载体卡片。信用卡按使用对象分为单位卡和个人卡；按信誉等级分为金卡和普通卡。凡在中国境内金融机构开立基本存款账户的单位可申领单位卡。单位卡可申领若干张，持卡人资格由申领单位法定代表人或其委托的代理人书面指定和注销，持卡人不得出租或转借信用卡。单位卡账户的资金一律从其基本存款账户转账存入，在使用过程中，需要向其账户续存资金的，也一律从其基本存款账户转账存入，不得交存现金，不得将销货收入的款项存入其账户。单位卡一律不得用于10万元以上的商品交易、劳务供应款项的结算，不得支取现金。信用卡在规定的限额和期限内允许善意透支，关于透支额，金卡最高不得超过10000元，普通卡最高不得超过5000元。透支期限最长为60天。透支利息，自签单日或银行记账日起15日内按日息万分之五计算；超过15日，则按日息万分之十计算；超过30日或透支金额超过规定限额的，按日息万分之十五计算。透支计算不分段，按最后期限或者最高透支额的最高利率档次计息。超过规定限额或规定期限，并且经发卡银行催收无效的透支行为称为恶意透支，持卡人使用信用卡不得发生恶意透支。严禁将单位的款项存入个人卡账户中。单位或个人申领信用卡，应按规定填制申请表，连同有关资料一并送交发卡银行。符合条件并按银行要求交存一定金额的备用金后，银行为申领人开立信用卡存款账户，并发给信用卡。

(六) 汇兑

汇兑是汇款人委托银行将其款项支付给收款人的结算方式。单位和个人各种款项的结算，均可使用汇兑结算方式。汇兑分为信汇、电汇两种。信汇是指汇款人委托银行通过邮寄方式将款项划转给收款人。电汇是指汇款人委托银行通过电报将款项划给收款人。这两种汇兑方式由汇款人根据需要选择使用。汇兑结算方式适用于异地之间的各种款项结算。这种结算方式划拨款项简便、灵活。企业采用这一结算方式，付款单位汇出款项时，应填写银行印发的汇款凭证，列明收款单位名称、汇款金额及汇款的用途等项目，送达开户银行，委托银行将款项汇往收汇银行。收汇银行将汇款收进单位存款户后，向收款单位发出收款通知。

(七) 委托收款

委托收款是收款人委托银行向付款人收取款项的结算方式。无论单位还是个人都可凭已承兑商业汇票、债券、存单等付款人债务证明办理同城或异地款项收取。委托收款还适用于收取电费、电话费等付款人众多且分散的公用事业费等有关款项。委托收款结算款项划回的方式分为邮寄和电报两种。企业委托开户银行收款时，应填写银行印制的委托收款凭证和有关的债务证明。在委托收款凭证中写明付款单位名称、收款单位名称、账号及开户银行，委托收款金额的大小写、款项内容、委托收款凭据名称及附寄单证张数等。企业的开户银行受理委托收款后，将委托收款凭证寄交付款单位开户银行，由付款单位开户银行审核，并通知付款单位。付款单位收到银行交给的委托收款凭证及债务证明，应签收并在3日之内审查债务证明是否真实，是否是本单位的债务，确认之后通知银行付款。付款单位应在收到委托收款通知的次日起3日内，主动通知银行是否付款。如果不通知银行，银行视同企业同意付款并在第4日，从单位账户中付出此笔委托收款款项。付款人在

3 日内审查有关债务证明后，认为债务证明或与此有关的事项符合拒绝付款的规定，应出具拒绝付款理由书和委托收款凭证第五联及持有的债务证明，向银行提出拒绝付款。

(八) 托收承付

托收承付是根据购销合同由收款人发货后委托银行向异地付款人收取款项，由付款人向银行承认付款的结算方式。使用托收承付结算方式的收款单位和付款单位，必须是国有企业、供销合作社以及经营管理较好，并经开户银行审查同意的城乡集体所有制工业企业。办理托收承付结算的款项，必须是商品交易，以及因商品交易而产生的劳务供应的款项。代销、寄销、赊销商品的款项，不得办理托收承付结算。托收承付款项划回方式分为邮寄和电报两种，由收款人根据需要选择使用；收款单位办理托收承付，必须具有商品发出的证件或其他证明。托收承付结算每笔的金额起点为 10000 元，新华书店系统每笔金额起点为 1000 元。采用托收承付结算方式时，购销双方必须签有符合《中华人民共和国民法典》的购销合同，并在合同上订明使用托收承付结算方式。销货企业按照购销合同发货后，填写托收承付凭证，盖章后连同发运证件 (包括铁路、航运、公路等运输部门签发的运单、运单副本和邮局包裹回执) 或其他符合托收承付结算的有关证明和交易单证送交开户银行办理托收手续。

销货企业开户银行接受委托后，将托收结算凭证回联退给企业，作为企业进行账务处理的依据，并将其他结算凭证寄往购货单位开户银行，由购货单位开户银行通知购货单位承认付款。购货企业收到托收承付结算凭证和所附单据后，应立即审核是否符合订货合同的规定。按照《支付结算办法》的规定，承付货款分为验单付款与验货付款两种，这在双方签合同时约定。验单付款是购货企业根据经济合同对银行转来的托收结算凭证、发票账单、托运单及代垫运杂费等单据进行审查无误后，即可承认付款。为了便于购货企业对凭证的审核和筹措资金，结算办法规定承付期为 3 日，从付款人开户银行发出承付通知的次日算起 (承付期内遇法定休假日顺延)。购货企业在承付期内，未向银行表示拒绝付款，银行即视作承付，并在承付期满的次日

(法定休假日顺延)上午银行开始营业时，将款项主动从付款人的账户内付出，按照销货企业指定的划款方式，划给销货企业。验货付款是购货企业待货物运达企业，对其进行检验与合同完全相符后才承认付款。为了满足购货企业组织验货的需要，结算办法规定承付期为10日，从运输部门向购货企业发出提货通知的次日算起。承付期内购货企业未表示拒绝付款的，银行视为同意承付，于10日期满的次日上午银行开始营业时，将款项划给收款人。

为满足购货企业组织验货的需要，对收付双方在合同中明确规定，并在托收凭证上注明验货付款期限的，银行从其规定。对于下列情况，付款人可以在承付期内向银行提出全部或部分拒绝付款：①没有签订购销合同或购销合同未订明托收承付结算方式的款项。②未经双方事先达成协议，收款人提前交货或因逾期交货付款人不再需要该项货物的款项。③未按合同规定的到货地址发货的款项。④代销、寄销、赊销商品的款项。⑤验单付款，发现所列货物的品种、规格、数量、价格与合同规定不符。或货物已到，经查验货物与合同规定或发货清单不符的款项。⑥验货付款，经查验货物与合同规定或与发货清单不符的款项。⑦货款已经支付或计算错误的款项。不属于上述情况的，购货企业不得提出拒付。购货企业提出拒绝付款时，必须填写"拒绝付款理由书"，注明拒绝付款理由，涉及合同的应引证合同上的有关条款。属于商品质量问题，需要提出质量问题的证明；属于外贸部门进口商品，应当提出国家商品检验或运输等部门出具的证明，向开户银行办理拒付手续。银行同意部分或全部拒绝付款的，应在拒绝付款理由书上签注意见，并将拒绝付款理由书、拒付证明、拒付商品清单和有关单证邮寄收款人开户银行转交销货企业。

付款人开户银行对付款人逾期支付的款项，根据逾期付款金额和逾期天数，按每天万分之五计算逾期付款赔偿金。逾期付款天数从承付期满日算起。银行审查拒绝付款期间不算作付款人逾期付款，但对无理的拒绝付款而增加银行审查时间的，从承付期满日起计算逾期付款赔偿金。赔偿金实行定期扣付，每月计算一次，于次月3日内单独划给收款人。赔偿金的扣付列为企业销货收入扣款顺序的首位。付款人账户余额不足以支付时，应排列在工资之前，并对该账户采取"只收不付"的控制办法，直至足额扣付赔偿金后才准予办理其他款项的支付，由此产生的经济后果由付款人自负。

（九）信用证

信用证结算方式是国际结算的一种主要方式。经中国人民银行批准经营结算业务的商业银行总行以及经商业银行总行批准开办信用证结算业务的分支机构，也可以办理国内企业之间商品交易的信用证结算业务。采用信用证结算方式的，收款单位收到信用证后，即备货装运，签发有关发票账单，连同运输单据和信用证，送交银行，根据退还的信用证等有关凭证编制收款凭证；付款单位在接到开证行的通知时，根据付款的有关单据编制付款凭证。企业通过银行办理支付结算时应当认真执行国家各项管理办法和结算制度。中国人民银行颁布的《支付结算办法》规定：①单位和个人办理结算，不准签发没有资金保证的票据或远期支票，套取银行信用；②不得签发、取得或转让没有真实交易和债权债务的票据，套取银行和他人的资金；③不准无理拒绝付款，任意占用他人资金；④不准违反规定开立和使用账户。

三、银行存款业务的会计处理

为正确核算银行存款，企业应按开户银行和其他金融机构、存款种类等，分别设置"银行存款日记账"，由出纳人员根据收付款凭证，按照业务的发生顺序逐笔登记，每日终了应结出余额。该账户借方反映由于销售、收回款项、现金送存银行等而增加的银行存款，贷方反映由于购货、支付款项、提现等而减少的银行存款；期末借方余额，反映企业实际存在银行或其他金融机构的款项。月末"银行存款日记账"账面余额应与"银行存款"总账余额核对相符。有外币存款的企业，应分别为人民币和各种外币设置"银行存款日记账"进行明细核算。"银行存款日记账"应定期与"银行对账单"核对。至少每月核对一次。月度终了，企业银行存款日记账账面余额与银行对账单余额之间如有差额，必须逐笔查明原因进行处理。并按月编制"银行存款余额调节表"调节相符。企业应加强对银行存款的管理，并定期对银行存款进行检查。如果有确凿证据表明存在银行或其他金融机构的款项已经部分不能收回，或者全部不能收回，如吸收存款的单位已宣告破产，其破产财产不足以清偿的部分，或者全部不能清偿的，应当作为当期损失，记入"营业外支出"科目。

第三节 其他资金

在企业的经营资金中，有些货币资金的存放地点和用途与库存现金和银行存款不同，如外埠存款、银行汇票存款、银行本票存款等，需要设置"其他货币资金"账户以集中反映这些资金，以示它与现金、银行存款的区别。在"其他货币资金"账户之下，可分设外埠存款、银行汇票存款、银行本票存款、信用卡存款、信用证保证金存款、存出投资款等明细账户。

一、外埠存款

外埠存款是指企业到外地进行临时或零星采购时，汇往采购地银行开立采购专户的款项。企业将款项委托当地银行汇往采购地开立专户时，记入"其他货币资金"，收到采购员交来供应单位发票账单等报销凭证时，贷记本科目。将多余的外埠存款转回当地银行时，根据银行的收账通知，借记"银行存款"，贷记"其他货币资金"。

二、银行汇票存款

银行汇票存款是指企业为取得银行汇票按规定存入银行的款项。企业在填送"银行汇票申请书"并将款项交存银行，取得银行汇票后，根据银行盖章退回的申请书存根联，借记本科目；企业使用银行汇票后，根据发票账单等有关凭证，贷记本科目；如有多余款或因汇票超过付款期等原因而退回款项，根据开户银行转来的银行汇票第四联（多余款收账通知）载明的金额，贷记本科目。

三、银行本票存款

银行本票存款是指企业为取得银行本票按规定存入银行的款项。企业向银行提交"银行本票申请书"并将款项交存银行，取得银行本票后，根据银行盖章退回的申请书存根联，借记本科目；企业使用银行本票后根据发票账单等有关凭证，贷记本科目；因本票超过付款期等原因而要求退款时，应当填制一式两联的进账单，连同本票一并送交银行，根据银行盖章退回的进账单第一联，贷记本科目。

四、信用卡存款

信用卡存款是指企业为取得信用卡按照规定存入银行的款项。企业应按照规定填制申请表，连同支票和有关资料一并送交发卡银行，根据银行盖章退回的进账单第一联，借记本科目；企业使用信用卡购物或支付有关费用，贷记本科目；企业信用卡在使用过程中需要向其账户续存资金的，其处理同申请时的处理。

五、信用证保证金存款

信用证保证金存款是指企业为取得信用证按规定存入银行的保证金。企业向银行申请开立信用证，应按规定向银行提交开证申请书、信用证申请人承诺书和购销合同。企业向银行交纳保证金，根据银行盖章退回的进账单第一联，借记本科目；根据开证行交来的信用证来单通知书及有关单据列明的金额贷记本科目。

六、存出投资款

存出投资款是指企业已存入证券公司但尚未进行短期投资的现金。企业向证券公司划出资金时，按实际划出的金额借记本科目；购买股票、债券时，按实际发生的金额，贷记本科目。

第五章　智慧审计应用基础

第一节　电子数据审计

在信息化环境下，电子数据审计成为审计工作的一项重要内容。审计证据的获取更多是通过应用信息技术对被审计电子数据的分析来完成的，也就是说，通过对审计数据的分析，发现可疑数据，并通过对可疑数据进行确认，最终获取审计证据。在信息化环境下，除了通过审计电子数据，获得审计证据之外，审计被审计单位的信息系统，即信息系统审计，也是目前开展审计工作的一项重要内容。另外，审计单位为了提高审计业务管理和行政办公的效率，需要大力推进无纸化办公和信息化管理，因此，审计管理信息化也越来越重要。

一、电子数据审计的原理

对于我国来说，信息化环境下如何审计被审计单位的电子数据，发现大案、要案是一项最重要任务，特别是国家审计的一项重要任务。国际上也高度关注电子数据审计问题，国际内部审计师协会（IIA）2011年发布了全球技术审计指南《数据分析技术》。可见，电子数据审计是目前国内外审计领域关注的重点。2014年12月，审计署机构调整，增设了电子数据审计司。电子数据审计司的增设充分说明电子数据审计在目前我国审计工作中的重要性。根据目前对该术语的使用情况，电子数据审计一般可以理解为"对被审计单位信息系统中的电子数据进行采集、预处理以及分析，从而发现审计线索，获得审计证据的过程"。

为了避免影响被审计单位信息系统的正常运行，规避审计风险，并保持审计的独立性，审计人员在进行电子数据审计时，一般不直接使用被审计单位的信息系统进行查询、检查，而是将所需的被审计单位的电子数据采集到审计人员的计算机中，利用审计软件进行分析。

一般来说，电子数据审计需要如下几个关键步骤：①审计数据采集。②采集审计对象信息系统中的数据。③审计数据预处理。根据对这些数据的分析和理解，将其转换为满足审计数据分析需要的数据形式。④审计数据分析。应用通用软件或专门的审计软件对采集到的电子数据进行分析处理，从而发现审计线索，获得审计证据。

二、电子数据审计的开展步骤

（一）审前调查

在对被审计单位实施电子数据审计前，应在对其组织结构进行调查的基础上，掌握被审计单位信息系统在其组织内的分布和应用的总体情况。然后，根据审计的目的和信息系统的重要性确认需要深入调查的子系统，进行全面和详细的了解，内容应包括软硬件系统、应用系统的开发情况和有关技术文档情况、系统管理员的配置情况、系统的功能、系统数据库的情况等。通过审前调查，审计人员应全面了解被审计单位信息系统的概况，对信息系统中与审计相关的数据更要有全面、详细、正确的认识，提出可行的、满足审计需要的数据需求，确定数据采集的对象及方式。

（二）审计数据采集

在审前调查提出数据需求的基础上，审计人员在被审计单位的配合和支持下，通过可行的技术手段，如直接复制、通过中间文件和 ODBC 采集等方式，及时获取所需的被审计单位信息系统中的数据。

（三）审计数据预处理

由于被审计单位数据来源繁杂，数据格式不统一，信息表示代码化，数据在采集和处理的过程中可能失真，被审计单位可能有意更改、隐瞒数据真实情况等诸多影响，审计人员对采集到的数据必须进行预处理，从而使得采集来的数据能为审计所用。数据预处理为电子数据审计的进行创造了"物质"基础，其工作的质量直接影响电子数据审计的开展和成败。

（四）审计数据分析

对预处理后的审计数据，审计人员应采用合适的审计方法对其进行分析。通过对审计数据进行分析，有可能直接发现、查实问题，也有可能只发现问题的线索。针对不同的情况，在延伸审计时可以采取直接或进一步核查的方式取证，验证和查实问题。

（五）审计事实确认

通过对审计数据进行分析，发现问题的线索，通过让被审计单位对这些问题进行确认，最终形成审计证据。由于在审计数据的采集、预处理和分析过程中难免出现人为处理错误等情况，所以，一般需要将审计数据分析的明细结果交给被审计单位，征求意见，最后经双方认定的结果确定后，再将分析结果具体化为纸质资料，由被审计单位签字确认，以作为审计证据资料。

三、审计数据采集

如何把被审计单位的电子数据采集过来，是开展电子数据审计的关键步骤。修订后的审计法对审计数据采集做了更具体的规定，审计法第三十一条规定：审计机关有权要求被审计单位按照审计机关的规定提供预算或者财务收支计划、预算执行情况、决算、财务会计报告，运用电子计算机存储、处理的财政收支、财务收支电子数据和必要的电子计算机技术文档，在金融机构开立账户的情况，社会审计机构出具的审计报告，以及其他与财政收支或者财务收支有关的资料，被审计单位不得拒绝、拖延、谎报。被审计单位负责人对本单位提供的财务会计资料的真实性和完整性负责。

（一）审计数据采集的原理

简单地讲，审计数据采集就是审计人员为了完成审计任务，在进行电子数据审计时，按照审计需求从被审计单位的信息系统或其他来源中获得相关电子数据的过程。

审计数据采集的对象一般是被审计单位信息系统中的电子数据，或数据库中的备份数据，审计人员也可以从其他来源获得被审计单位的审计数据，例如，从会计核算中心、税务等部门获得审计数据。

(二) 审计数据采集的主要步骤

在实际的电子数据审计过程中，审计数据采集一般可以归纳为以下几个主要步骤。

1. 审前调查

在进行电子数据审计前，要做好被审计单位的组织机构调查，掌握被审计单位计算机信息系统的整体情况，尤其是该系统在组织内的分布与应用情况。然后，根据审计的目的和被审计单位计算机信息系统的重要性确认深入调查的子系统，并对此进行全面、详细的了解。通过审前调查，对被审计单位信息系统的相关情况进行了解。

2. 提出审计数据需求

在审前调查的基础上，提出书面的数据需求，指定采集的系统名称 (必要时还应指定数据库中具体的表名称)、采集的具体方式、指定数据传递格式、所需数据的时间段、交接方式、数据上报期限和注意事项等内容。关键步骤如下。

(1) 确定所需数据内容

首先，应在审计组内将被审计单位计算机信息系统的相关情况进行通报，将调查形成的书面材料分发给审计组成员阅读，并由负责具体调查工作的组员对材料进行讲解。审计组全体成员应对所需数据的内容进行讨论，再决定初步的数据需求。进行讨论是必要的，因为通过讨论可以提出尽量全面、完整的数据需求，防止因考虑不周全而延误电子数据的采集。同时，通过讨论使审计组成员了解被审计单位计算机信息系统及其数据的概况，为后面的审计数据分析打下了基础。

(2) 确定审计数据采集的具体方式

经过审计组讨论，初步确定审计数据需求后，应与被审计单位的计算机管理人员商量，从技术角度考虑所需要的数据能否采集，以哪种方式采集更好，以及具体的文件格式、传递介质等问题。如果在发出正式的数据需求前不向被审计单位的计算机技术人员询问，有可能会造成审计数据需求不合理，特别是在数据格式、审计数据采集方式等方面不现实或不是最佳方式，从而不利于工作的开展。

（3）提出书面数据需求

在做好上述两步工作后，审计组应发出书面的审计数据需求说明书。说明书的主要内容应包括以下几个方面：被采集的系统名称、数据的内容、数据格式、传递方式、时限要求、双方的责任等。在实践中，常用的方式是请被审计单位将指定数据转换为通用的、便于审计组利用的格式；也可以通过 ODBC 等方式连接，直接对数据进行采集；在特殊情况下，还可以移植应用系统及数据。无论采取哪种方式，都应该以审计组的名义发出审计需求单，明确数据采集目的、内容和时间等事项。审计需求单可以消除只进行口头说明可能引起的需求不明的问题，它能准确表达审计组的要求，并使被审计单位正确理解数据需求，从而为顺利采集数据打下基础。另外，在审计需求单中规定安全控制措施、双方责任等事项还可以在一定程度上避免审计风险。

一要制定审计数据采集方案。制定审计数据采集方案，选择审计数据采集方法和工具。二要完成审计数据采集。根据审计数据采集方案，获得所需要的审计数据。三要验证审计数据。对获得的审计数据进行检查，以保证审计数据采集的真实性和完整性，从而降低审计风险。

需要指出的是，在审计数据采集过程中，由于电子资料比纸质资料更容易被篡改，并且难以发现篡改的痕迹，为了降低开展电子数据审计的风险，必须建立电子数据承诺制，即被审计单位必须保证所提供电子数据的真实性和完整性。

（三）审计数据采集的方法

在审计数据的采集过程中，审计人员常用的审计数据采集方法主要有以下几种。

1. 直接复制

当被审计单位的数据库系统与审计人员使用的数据库系统相同时，只需直接将审计对象的数据复制到审计人员的计算机中即可，即直接复制的方式。

2. 通过中间文件采集

通过中间文件采集是指被审计单位按照审计要求，将原本不符合审计软件要求的数据转换成审计软件能读取的格式（如 txt 格式、XML 格式等）提供给审计人员。

对于一些比较敏感的系统，审计人员可能不便于直接接触其系统和相关资料。可以在审计人员的监督下，由被审计单位技术人员将其数据转换为标准格式数据或审计人员指定格式的数据，交给审计人员。

在数据采集的实际应用中，很多情况下采用文本文件作为约定的格式。这主要是因为大多数数据库管理系统能导出、导入文本文件，应用范围广泛。审计人员在电子数据审计的实践中，经常会通过文本文件导入数据，所以掌握文本文件的导入是十分必要的。

3. 通过 ODBC 接口采集

通过 ODBC 接口采集数据是指审计人员通过 ODBC 数据访问接口直接访问被审计单位信息系统中的数据，并把数据转换成审计所需的格式。

4. 通过备份 / 恢复的方式采集

通过备份 / 恢复的方式采集是指审计人员首先把被审计单位数据库系统中的数据备份出来（或者让被审计单位把该单位数据库系统中的数据备份出来），然后把该备份数据在自己的数据库系统中恢复成数据库格式的数据，就可以在自己的数据库系统中对采集来的被审计单位的数据进行审计分析。

5. 通过专用模板采集

一些审计软件针对不同的被审计信息系统设计了相应的"专用采集模板"，审计人员在进行审计数据采集时，通过选择相应的模板，可以自动实现数据的采集，这种方式称为通过专用模板采集。

这种方式的优点是使用简单、自动化程度高，对审计人员的技术水平要求不高；缺点是审计软件必须为每一类审计对象的应用软件（包括该软件的不同版本）设计一个专用采集模板。由于目前被审计单位所使用的应用软件各种各样，很难为每一类应用软件以及相应的各种版本设计相应的模板，这使得专用模板采集法的成本相对较高。审计人员在实际的工作中，应根据被审计单位的实际情况，有采集模板时用模板采集法，没有采集模板时再用其他数据采集方法。

四、审计数据预处理

审计数据预处理是电子数据审计中的重要一环，由于采集来的审计数据往往会有许多数据质量问题，例如，有些数据属性的值不确定，在采集数据时，无法得到该数据属性的值，从而造成数据不完整，不能满足后面审计数据分析的需要。另外，这些问题的存在将直接影响后续审计工作得出的审计结论的准确性。

（一）数据质量与审计数据预处理的意义

1. 数据质量的内涵及其评价指标

为了更好地理解审计数据预处理的必要性，本节首先介绍数据质量的相关概念。目前，数据质量问题已引起广泛的关注。什么是数据质量呢？数据质量问题并不仅仅是指数据错误。有的文献把数据质量定义为数据的一致性、正确性、完整性和最小性这4个指标在信息系统中得到满足的程度，有的文献则把"适合使用"作为衡量数据质量的初步标准。

一般来说，评价数据质量最主要的几个指标如下：①准确性。准确性是指数据源中实际数据值与假定正确数据值的一致程度。②完整性。完整性是指数据源中需要数值的字段中无数值缺失的程度。③一致性。一致性是指数据源中数据对一组约束的满足程度。④唯一性。唯一性是指数据源中数据记录以及编码是否唯一。⑤适时性。适时性是指在所要求或指定的时间提供一个或多个数据项的程度。⑥有效性。有效性是指维护的数据足够严格以满足分类准则的接受要求。

2. 可能存在的数据质量问题

当建立一个信息系统的时候，即使进行了良好的设计和规划，也不能保证在所有情况下信息系统中数据的质量都能满足用户的要求。用户录入错误、单位合并以及单位环境随着时间的推移而改变，这些都会影响存放数据的质量。信息系统中可能存在的数据质量问题有很多种，总结起来主要有以下几种。

第一，重复的数据。重复的数据是指在一个数据源中存在表示现实世界同一个实体的重复信息，或在多个数据源中存在现实世界同一个实体的重复信息。

第二，不完整的数据。由于录入错误等原因，字段值或记录未被记入数据库，造成信息系统数据源中应该有的字段或记录缺失。

第三，不正确的数据。由于录入错误、数据源中的数据未及时更新，或不正确的计算等，导致数据源中数据过时，或者一些数据与现实实体中字段的值不相符。

第四，无法理解的数据值。无法理解的数据值是指由于某些原因，数据源中的一些数据难以解释或无法解释，如密码数据等。

第五，不一致的数据。数据不一致包括多种问题，例如，从不同数据源获得的数据很容易发生不一致，同一数据源的数据也会因位置、表示单位以及时间不同产生不一致。

3. 审计数据预处理的意义

由以上分析可知，正是由于采集来的审计数据中存在上述数据质量问题，所以需要对采集来的电子数据进行预处理，处理存在数据质量问题的数据，为后续的审计数据分析打下基础。概括来讲，进行审计数据预处理的意义如下。

（1）为下一步审计数据分析做准备

采集来的审计数据不一定能完全满足审计数据分析的需要，因此，审计人员需要通过对有质量问题的审计数据进行预处理，为后续的审计数据分析做好准备。

（2）帮助发现隐含的审计线索

通过对审计数据进行数据预处理，可以有效地发现审计数据中不符合数据质量的数据。但是，审计人员不能简单地把有质量问题的数据删除，因为在这些存在质量问题的数据中可能隐藏着审计线索。审计人员需要做的是：对发现的审计数据质量问题进行分析，找出造成质量问题的原因，发现隐藏的审计线索。

(3)降低审计风险

有质量问题的审计数据会影响审计数据分析结果的正确性，造成一定的审计风险。因此，通过对有质量问题的审计数据进行预处理，从而降低审计风险。

(4)通过更改命名方式便于数据分析

通过名称转换这一审计数据预处理操作，可以把采集来的数据表以及字段名称转换成直观的名称，便于审计人员的审计数据分析。

(二)常用的审计数据预处理方法

目前，根据一般审计人员的技术能力和审计工作中的具体要求，并考虑到审计数据预处理方法的经济性和可操作性，一般进行的审计数据预处理内容包括：名称转换、数据类型转换、代码转换、横向合并、纵向合并、空值处理等。常用的一些数据库产品和审计软件可以完成审计数据预处理功能。

五、审计数据分析

为审计数据分析做准备是审计数据采集与审计数据预处理的基本目标。形成审计结论才是审计的最终目标。因此，审计的过程实质上就是不断收集、鉴定和综合运用审计证据的过程。要实现审计目标，必须收集和评价审计证据。注重选择审计证据对做好审计工作起着举足轻重的作用。

审计数据分析的目的是通过对采集来的电子数据进行分析，从而获取审计证据。因此，如何对采集来的数据进行分析是审计人员面临的重要问题，本节介绍常用的审计数据分析方法。

在信息化环境下，审计的对象是电子数据，因此，审计证据的获取多是通过信息技术对审计数据进行分析来完成的。一般来说，常用的审计数据分析方法主要包括：数据查询、审计抽样、统计分析、数值分析等，其中数据查询的应用最为普遍。

(一) 数据查询

数据查询是目前电子数据审计中最常用的审计数据分析方法。数据查询是指审计人员针对实际的审计对象，根据自己的经验，按照一定的审计分析模型，在通用软件 (如 Microsoft Access、SQL Server) 和审计软件中利用 SQL 语句来分析采集来的电子数据，或应用一些审计软件中各种各样的查询命令，以某些预定义的格式来检测被审计单位的电子数据。这种方法既提高了审计的正确性与准确性，也使审计人员从冗长乏味的计算工作中解放出来，告别以前手工审计的作业模式。另外，运用 SQL 语句的强大查询功能，通过构建一些复杂的 SQL 语句，可以完成模糊查询以及多表之间的交叉查询等工作，从而可以实现复杂的审计数据分析功能。

目前，除了借助通用软件应用数据查询这种方法之外，多数审计软件都提供了这种审计数据分析方法。国内的审计软件如现场审计实施系统和电子数据审计模拟实验室软件等，国外的审计软件如 IDEA、ACL 等。

(二) 审计抽样

审计抽样是指审计人员在实施审计程序时，从审计对象总体中选取一定数量的样本进行测试，并根据样本测试结果推断总体特征的一种方法。它是随着经济的发展、被审计单位规模的扩大以及内部控制的不断健全与完善而逐渐被广泛应用的审计方法。

根据决策依据方法的不同，审计抽样可以分为两大类：统计抽样和非统计抽样。统计抽样是在审计抽样过程中，应用概率论和数据统计的模型和方法来确定样本量、选择抽样方法、对样本结果进行评估并推断总体特征的一种审计抽样方法。非统计抽样也被称为判断抽样，由审计人员根据专业判断来确定样本量、选取样本和对样本结果进行评估。因此，审计人员可能不知不觉地将个人的"偏见"体现在样本的选取中，而使样本不能客观地反映总体的真实情况。但审计人员的经验和直觉能够帮助更有效地发现和揭露问题或异常。因此，非统计抽样只要设计得当，也可以达到与统计抽样一样的效果。

在审计中应用统计抽样和非统计抽样方法一般包括如下四个步骤。①

根据具体审计目标确定审计对象总体。②确定样本量。③选取样本并审查。④评价抽样结果。

目前，很多审计软件中都开发了审计抽样模块，如现场审计实施系统（AO）、电子数据审计模拟实验室软件、IDEA 等，这使得以前烦琐的数学计算、随机数生成等工作可以轻松实现，并可以保证抽样工作的准确性和合法性。审计人员只要按照抽样向导的提示，输入相应的参数即可。这对审计人员规避审计风险、提高审计工作质量起到了很大的作用。后面将以电子数据审计模拟实验室软件和 IDEA 为例，介绍审计的抽样方法。

（三）统计分析

在电子数据审计中，统计分析的目的是探索审计数据内在的数量规律性，以发现异常现象，快速寻找审计突破口。一般来说，常用的统计分析方法包括一般统计、分层分析和分类分析等，在不同的审计软件中，统计分析方法的名称略有不同。常用的统计分析方法介绍如下。

第一，一般统计常用于具体分析之前，以对数据有一个大致的了解，它能够快速地发现异常现象，为后续的分析工作确定目标。一般统计针对数值字段提供下列统计信息：全部字段以及正值字段、负值字段和零值字段的个数，某类数据的平均值、绝对值以及最大或最小的若干个值等。

第二，分层分析是通过数据分布来发现异常的一种常用方法。其原理一般为：首先选取一个数值类型的字段作为分层字段，然后根据其值域将这一字段划分为若干个相等或不等的区间，通过观察对应的其他字段在分层字段各个区间上的分布情况来确定需要重点考察的范围。

第三，分类分析是通过数据分布来发现异常的另一种常用方法。其原理一般为：首先选择某一字段作为分类字段，然后，通过观察其他对应字段在分类字段各个取值点上的分布情况来确定需要重点考察的对象。分类分析的思路类似于"分类汇总"，它是一种简单且非常常用的数据分析手段。与分层分析不同的是，分类分析中用作分类的某一字段不一定是数值型数据，可以是其他类型的数据，而分层分析中用作分层的某一字段一定是数值型数据。

（四）数值分析

数值分析是根据审计数据记录中某一字段具体的数据值的分布情况、出现频率等指标，对该字段进行分析，从而发现审计线索的一种审计数据分析方法。这种方法是从"微观"的角度对电子数据进行分析的，审计人员在使用时不用考虑具体的审计对象和具体的业务。在完成数值分析之后，针对分析出的可疑数据，再结合具体的业务进行审计判断，从而发现审计线索，获得审计证据。相对于其他方法，这种审计数据分析方法易于发现审计数据中的隐藏信息。常用的数值分析方法主要有重号分析、断号分析，一些方法目前已应用于IDEA、电子数据审计模拟实验室软件等审计软件中。

六、审计数据验证

（一）审计数据验证的重要性

审计数据验证不仅是确保电子数据真实、正确的重要手段，也是提高审计数据采集、审计数据预处理和审计数据分析质量，降低审计风险的重要保证。其重要性主要体现在以下几个方面。

第一，确认所采集数据的真实性、正确性和完整性。通过审计数据验证，可以确认被审计单位提供的以及审计人员采集的原始电子数据的真实性、正确性和完整性，验证电子数据对被审计单位实际经济业务活动的真实反映程度，保证审计数据采集工作准确、有效地进行，同时对采集到的审计数据进行确认，排除遗漏和失误。

第二，确认审计数据采集过程中数据的完整性。电子数据从一台计算机迁移到另一台计算机，或从一个信息系统迁移到另一个信息系统的过程中，由于种种原因，采集的数据可能发生遗漏。所以，审计人员完成审计数据采集后，必须对审计数据进行充分的验证，确认数据的完整性。

第三，减少在审计数据采集、审计数据预处理和审计数据分析过程中人为造成的失误。审计人员在进行审计数据采集、预处理和分析时，编写的程序存在逻辑错误，或对数据的操作不规范，或选择的方法不正确等，都可能产生部分数据遗漏或丢失等问题，导致审计结果发生错误。因此，审计人员在完成每一步数据操作后，必须对被操作的电子数据进行审计数据验证，确保数据的正确性。

例如，对审计数据预处理过程进行验证可以考虑以下两个方面。一是确认审计数据预处理目标的实现。为了确认审计数据预处理的目标得以实现，必须针对转换前存在的数据质量问题和转换要求逐一进行核对。

二是确认审计数据预处理工作没有损害数据的完整性和正确性。要确认审计数据预处理工作没有损害数据的完整性和正确性，就必须确认审计数据预处理过程中没有带来新的错误。

(二) 审计数据验证的方法

一般来说，审计数据验证的方法主要有以下几种。

第一，利用数据库的完整性约束来进行验证。数据的完整性是指数据库中的数据在逻辑上的一致性和准确性。利用数据库的完整性约束可以实现部分数据验证功能。一般来说，数据完整性包括以下三点。

一是域完整性。域完整性又被称为列完整性，就是指列的值域的完整性，如值域范围、数据类型、格式、是否允许空值等。域完整性可以保证数据表中某些列不被输入无效的值。

二是实体完整性。实体完整性要求每个数据表中的每一行要有一个唯一的标识符 (关键字)，且作为关键字的所有字段的属性必须是唯一值和非空值。

三是参照完整性。参照完整性又被称为引用完整性。参照完整性保证主表中的数据与从表 (被参照表) 中数据的一致性。

第二，利用数据总量和主要变量的统计指标进行验证。

一是核对总记录数。审计人员在完成审计数据采集之后，首先要将采集到的电子数据的记录数与被审计单位信息系统中反映的记录数核对 (有打印纸制凭证的，还要与纸制凭证数进行核对)，以验证其完整性。在完成审计数据预处理和审计数据分析之后，也可以根据需要应用这一方法。二是核对主要变量的统计指标。审计人员在完成审计数据采集、审计数据预处理和审计数据分析之后，可以通过核对主要变量的统计指标 (例如，核对总金额等方法）来验证数据的完整性。

第三，利用业务规则进行验证。业务规则是一个系统正常处理业务活动所必须满足的一系列约束的集合。这些约束有来自系统外部的，例如，国家政策和法律法规；有来自系统内部的，例如，借贷记账法要求的借贷平衡、账务处理系统中各种账户之间的钩稽关系；有些约束还作为系统的控制手段，例如，凭证号的连续性约束。利用这些约束可以对采集到的数据实施一定程度的验证。常用的方法如下：

一是检查借贷是否平衡。检查借贷是否平衡是审计人员常用的一种简单有效的审计数据验证方法，它与核对总金额方法相辅相成。

二是凭证号断号和重号验证。在会计信息系统中，凭证号是典型的顺序码，凭证号每月按凭证类型连续编制，不同的凭证使用不同的凭证号，凭证号中间不能有断号、空号或重号出现。因此，分析凭证表中凭证号是否连续是验证审计人员所用数据与被审计单位会计数据一致性的一种重要核对方法。审计人员可以根据实际情况，通过编写 SQL 语句来进行凭证号断号、重号的验证工作，也可以借助一些审计软件的断号、重号分析功能来完成凭证号断号、重号的验证工作。

三是钩稽关系。在业务和会计数据中，存在许多钩稽关系。这些钩稽关系是进行审计数据验证的重要依据。例如，在审计人员采集到的被审计单位固定资产数据表中，关于固定资产价值方面的数据一般都包括资产原值、累计折旧、资产净值的字段内容，而且这三个字段之间存在的钩稽关系如下：资产原值－累计折旧＝资产净值。因此，审计人员在使用被审计单位的固定资产数据表之前，有必要对上述钩稽关系进行验证。

四是利用抽样方法进行验证。审计数据验证的另一类方法就是抽样。当数据量巨大或者审计数据验证方法无法使用时，可以考虑利用抽样的方法。利用抽样的方法进行验证一般分为以下两种：①从被审计单位提供的纸质资料中按照抽样的规则抽取一些样本，在采集后的数据中进行匹配和验证。②从被审计单位的系统中按照抽样的规则抽取一些样本，在采集后的数据中进行匹配和验证。

第二节　信息系统审计

信息系统审计是审计信息化的一项重要内容。目前信息化在世界范围内得到广泛应用，各行各业开始广泛运用大数据、云计算、数据库、网络等现代信息技术进行管理，信息化趋向普及。然而，信息技术应用带来便利的同时，也带来了很多风险。在信息化环境下，信息系统及其数据成为一个单位的重要资产，因此，信息系统的安全性、可靠性、有效性要有保证，对信息系统的设计、开发、运行、维护等内容要进行审计，对信息系统的相关人员要进行审计。此外，如果一个被审计单位的信息系统控制存在一定的问题，系统中的电子数据管理将会因此产生一定的风险。对有风险的电子数据进行审计，将会造成一定的审计风险。因此，为保证审计结果的正确性，防范审计风险，开展信息系统审计具有重要意义。

一、信息系统审计的定义

信息系统审计（ISA）一般理解为对计算机信息系统的审计，信息系统审计的国际权威组织——国际信息系统审计与控制协会把信息系统审计定义如下：信息系统审计是收集和评估证据，以确定信息系统与相关资源能否适当地保护资产、维护数据完整、提供相关和可靠的信息、有效完成组织目标、高效率地利用资源并且存在有效的内部控制，以确保满足业务、运作和控制目标，在发生非期望事件的情况下，能够及时地阻止、检测或更正的过程。

二、信息系统审计的主要内容

对于信息系统审计的主要内容，从狭义上讲，一般根据以上信息系统内部控制的内容，从一般控制审计、应用控制审计和 IT 治理审计等方面开展信息系统审计。随着目前审计信息化的发展，信息系统项目建设审计和信息系统绩效审计也成为审计实务中信息系统审计的重要内容。

（一）一般控制审计

一般控制审计是对信息系统整体环境控制的审计。简单地讲，信息系统一般控制是除了信息系统应用程序控制以外的其他控制，它应用于一个单位信息系统全部或较大范围的内部控制。其基本目标为：防止系统被非法侵入、保护信息系统、确保数据安全、保证意外情况下的持续运行等。

（二）应用控制审计

简单地讲，信息系统应用控制是为了适应各种数据处理的特殊控制要求，保证数据处理完整、准确地完成而建立的内部控制。应用控制审计是对应用系统控制的审计，其目的就是确保被审计单位的应用系统控制符合相关要求。

（三）IT 治理审计

IT 治理用于描述一个单位是否采取有效的机制，使得 IT 的应用能够完成组织赋予它的使命，同时平衡信息技术与过程的风险，确保实现组织的战略目标。为了保证 IT 治理的有效性，审计人员需要对其进行审计。

（四）信息系统项目建设审计

信息系统项目建设审计是为了规范信息系统项目建设的管理，提高信息系统项目建设资金使用效益，防范相关风险，审计部门依据相关法律法规、规章制度，运用相关审计方法，对信息系统项目建设预算的整体公允性、招投标过程的公平公正性、待签合同的合法性、竣工结算的真实性、项目建设的经济性等进行审查验证。

（五）信息系统绩效审计

对于信息系统建成运行之后的绩效进行审计也是信息系统审计的一项重要内容。信息系统绩效审计是指对已建成并投入应用的信息系统项目的整体绩效（如经济性、效率性、安全性等方面）进行评估，为信息系统项目作用的进一步发挥、下一步的发展方向、是否有继续投入的价值等提供决策参考，以促进信息系统项目的规范化建设，提升项目的应用成效。

三、信息系统审计的基本方法

目前常用的信息系统审计方法包括访谈法、现场观察法、文档查看法、穿行测试法、系统数据分析法、面向系统的计算机辅助审计技术等。

第一，访谈法。访谈法是指审计人员访谈被审计单位相关人员，了解某些内部控制、业务执行等事项。

第二，现场观察法。现场观察法是指审计人员到被审计单位的相关现场，实地观察相关人员的实际工作和相关信息系统操作情况，以确认信息系统相关控制措施是否得到有效的执行，以及相关信息系统是否存在风险。

第三，文档查看法。文档查看法是指审计人员抽取与信息系统审计相关的文档（如信息系统需求报告、信息系统设计说明书、信息系统用户使用手册等）以及其他有关证明材料，检查信息系统相关控制措施及制度是否得到有效执行。

第四，穿行测试法。穿行测试法是指审计人员根据被审计单位相关信息系统的控制活动步骤，设计相关测试数据，测试相关控制是否有效。

第五，系统数据分析法。系统数据分析法是指通过分析被审计信息系统内外部的相关数据，发现信息系统相关风险的线索。随着大数据技术的广泛应用，也可以应用大数据审计技术开展信息系统审计。

第六，面向系统的计算机辅助审计技术常用的计算机辅助审计技术可以分成两类：一是用于验证程序／系统的计算机辅助审计技术，即面向系统的计算机辅助审计技术。二是用于分析电子数据的计算机辅助审计技术，即面向数据的计算机辅助审计技术。

四、信息系统一般控制审计

(一) 信息系统一般控制

信息系统一般控制是指为了保证信息系统的安全，对整个信息系统以及外部各种环境要素实施的对所有的应用或控制模块具有普遍影响的控制措施。信息系统一般控制是信息技术（IT）内部控制框架中的关键组成部分，它确保信息系统的完整性、可靠性和安全性。这些控制措施对于保护组织的信息资产、维护数据完整性、确保业务连续性以及遵守相关法律法规至关重要。

（二）信息系统开发、测试和维护审计

1. 信息系统开发、测试和维护审计

良好的系统开发管理是一个信息系统稳健运行的必要前提，而充分的信息系统测试和周密的上线程序是保障信息系统正常稳定运行的重要环节，因此，加强信息系统开发的管理工作，确保充分的系统测试和具备完善的系统上线程序管理，对确保信息系统的稳定性和可靠性、防范系统风险具有重要意义。

在信息系统上线之后，信息系统维护是一项重要工作，信息系统维护是对信息系统的运行进行控制，记录其运行的状态，进行必要的修改和扩充，以便使信息系统在其生命周期内保持良好的可运行状态，保证其功能的发挥，满足单位的需要。信息系统维护包括纠错性维护、适应性维护、完善性维护、预防性维护。其中，纠错性维护是为了识别和纠正软件错误、改正软件性能上的缺陷；适应性维护是为了使软件适应外部环境（如新的硬件、软件配置等）或数据环境（如数据库、数据格式、数据输入/输出方式、数据存储介质等）可能发生的变化；完善性维护是为了满足用户在软件的使用过程中对软件提出的新的功能与性能的要求；预防性维护是为了提高软件的可维护性、可靠性等，预防相关问题的发生。此外，对系统下线应按规范流程妥善处理，确保下线系统敏感数据的安全性和完整性。

为了确保信息系统开发、测试和维护过程的有效性，审计人员需要对其进行审计。概括来说，信息系统开发、测试和维护审计的主要目的是：①检查信息系统开发、测试和维护的方法和程序是否科学，是否含有恰当的控制。②检查信息系统开发、测试和维护过程中产生的系统文档资料是否规范。③确保信息系统开发、测试和维护目标的实现。

2. 信息系统开发、测试和维护审计的内容

在开展信息系统开发、测试和维护审计时，审计人员可以关注以下内容。

第一，检查被审计单位是否有系统开发的可行性研究、成本效益分析、风险评估等报告，是否对项目的可行性、成本效益核算以及可能出现的各种操作风险、财务损失等进行了深入的分析；查看相关分析结果是否得到其管理部门（如信息科技管理委员会）的认可。

第二，分析被审计单位的相关管理部门（如信息科技管理委员会）是否对系统开发的可行性、必要性以及与 IT 战略规划和业务发展目标的一致性有充分的认识。

第三，检查被审计单位实施部门在信息系统实施过程中，是否定期向其管理部门（如信息科技管理委员会）提交信息系统实施进度报告（报告内容包括计划的重大变更、关键人员或供应商的变更以及主要费用支出情况等）。

第四，检查被审计单位针对长期或临时聘用的技术人员和承包商，尤其是从事敏感性技术相关工作的人员，是否制定了严格的审查程序，包括身份验证和背景调查。

第五，检查被审计单位信息系统开发环境和运行环境是否分离，网络是否有效隔离，设备是否独立于生产系统，开发人员是否接触生产系统，开发过程中是否使用了生产数据，使用的生产数据是否得到了高级管理层的批准并经过脱敏或相关限制。

第六，检查被审计单位在系统开发过程中，是否对源代码进行了有效的管理和严格的审查。

第七，检查被审计单位是否在信息系统投产后一定时期内，组织对该系统进行评价，并根据评价结果及时对该系统功能进行调整和优化。

第八，对于信息系统项目相关的风险（如潜在的各种操作风险、财务损失风险和因无效项目规划或不适当的项目管理控制产生的机会成本等），检查被审计单位是否采取适当的项目管理方法控制相关风险。

第九，为了确保信息系统开发、测试、维护过程中数据的完整性、保密性和可用性，检查被审计单位是否制定并落实了相关制度、标准和流程。

第十，检查被审计单位将完成开发和测试环境的程序或系统配置变更

应用到生产系统时，是否得到信息科技部门和业务部门的联合批准。

第十一，检查被审计单位是否制定了相关制度和流程，来控制信息系统升级过程。

第十二，检查被审计单位信息系统升级活动是否接受了相关的管理和控制，包括用户验收测试。

第十三，检查被审计单位是否对信息系统变更进行了及时记录和定期复查。

第十四，检查被审计单位对生产系统的紧急修复任务，应用程序开发和维护人员进入生产系统是否得到其相关管理部门的批准，所有的紧急修复活动是否都进行了记录。

第十五，检查被审计单位设备达到预期使用寿命或性能不能满足业务需求，基础软件（如操作系统、数据库管理系统等）或应用软件必须升级时，是否得到了及时的系统升级，有没有相关的系统升级管理制度。

五、信息系统运行管理审计

（一）信息系统运行管理审计

信息系统运行管理主要是对上线系统的日常运行进行管理。信息系统运行管理主要包括以下方面。

一是人员管理。应加强对员工入职时的身份审查、日常工作管理、离职管理。

二是职责分离。应使不相容岗位实现职责分离，以降低未授权访问、无意识修改以及故意犯罪给单位带来损失的机会。

三是账号及权限管理。应保证只有经授权的用户才能访问，防止非授权访问。

四是物理访问控制。应将关键或敏感的信息处理设施放置在安全区域内，并受到安全边界的保护，安全边界应包括入口控制，以避免未授权访问、损坏和干扰。

五是逻辑访问控制。应清晰地描述每个用户或每组用户的访问控制规则和权力。

六是操作管理。应制定详尽的信息系统运行操作程序。

七是日常监控。应安排值班人员对系统运行情况进行全面监控。

八是日志管理。应按照有关法律法规要求保存交易记录，利用必要的程序和技术，确保存档数据的完整性，满足安全保存和可恢复的要求。

九是变更管理。应制定变更管理制度，对信息系统的软件打补丁和升级、硬件修正等变更等进行管理，从而控制变更风险。

十是问题管理。应建立问题管理台账，以确保全面地追踪、分析和解决信息系统问题，及时组织相关人员分析问题发生的根源，从根本上消除问题。

信息系统运行管理审计的目的就是确保被审计单位的信息系统运行管理符合以上相关要求。

(二) 信息系统运行管理审计主要内容

在开展信息系统运行管理审计时，审计人员可以关注以下内容：

第一，检查被审计单位是否配备专门的系统维护技术人员，这些人员是否经过培训。

第二，检查被审计单位是否将信息系统运行与信息系统开发和维护分离，确保信息科技部门内部的岗位制约；是否对系统运行管理部门的岗位和职责做出明确规定。

第三，检查被审计单位业务系统是否能保证只有经授权的用户才能访问，能否防止非授权访问。

第四，检查被审计单位是否严格控制第三方人员 (如服务供应商) 进入安全区域，如确需进入是否得到相关部门的批准，其活动是否受到监控。

第五，检查被审计单位是否制定详尽的信息系统运行操作说明，如在信息系统运行手册中说明计算机操作人员的任务、工作日程、执行步骤，以及生产与开发环境中数据、软件的现场及非现场备份流程和要求 (备份的频率、范围和保留周期) 等。

第六，检查被审计单位日志管理情况，确保每天记录系统的运行日志、出现故障的情况和相应的维护日志，并记录操作人员的操作日志和各程序的运行日志、相关硬件的升级或更新日志、相关软件的升级或更新日志等。

第七，检查被审计单位是否建立信息系统事故管理及处置机制，及时响应信息系统运行事故，逐级向相关的 IT 管理人员报告事故的发生，并进行记录、分析和跟踪，直到完成彻底的处置和根本原因分析；检查是否建立服务台，为用户提供相关技术问题的在线支持，并将问题提交给相关信息科技部门进行调查和解决。

第八，检查被审计单位是否建立服务水平管理相关的制度和流程，对信息系统运行服务水平进行考核。

第九，检查被审计单位是否建立了连续监控信息系统性能的相关程序，是否及时、完整地报告例外情况；检查该程序是否能提供预警功能，并在例外情况对系统性能造成影响前对其进行识别和修正。

第十，检查被审计单位是否制定了容量规划，以适应外部环境变化产生的业务发展和交易量增长。容量规划应涵盖生产系统、备份系统及相关设备。

第十一，检查被审计单位是否及时进行维护和适当的系统升级，以确保与技术相关服务的连续可用性，并完整保存记录（包括疑似和实际的故障、预防性和补救性维护记录），以确保有效维护设备和设施。

第十二，检查被审计单位是否制定有效的变更管理流程，以确保生产环境的完整性和可靠性。包括紧急变更在内的所有变更都应记入日志，由信息科技部门和业务部门共同审核签字，并事先进行备份，以便必要时可以恢复原来的系统版本和数据文件。检查紧急变更成功后，是否通过了正常的验收测试和变更管理流程。

第十三，检查被审计单位信息系统是否具有以下重要文档，如系统或软件的使用手册和操作指南、系统设计文档、数据库设计文档、软件的概要设计文档、软件的详细设计文档等。

第十四，检查被审计单位文档管理情况，确保文档管理规范、信息系统中重要的技术文档和业务文档由专人保管，信息系统中重要的文档只有通过授权才能阅读，对信息系统中重要的文档进行了备份，技术人员调离岗位时收回其拥有的技术文档，业务人员调离岗位时收回其拥有的操作文档。

第十五，检查被审计单位软件管理情况，确保信息系统中重要软件及其文档资料应由专人保管，对信息系统中重要的软件及其文档资料进行了备份，信息系统中重要的软件只有经过授权才能拷贝。

六、信息系统安全审计

(一) 信息系统安全审计

信息系统安全是通过维护信息系统中信息的机密性、完整性和可用性，来管理和保护一个单位所有的信息资产。信息系统安全涉及管理、人员、技术等各个方面，因此，信息系统安全主要包含管理安全 (如安全管理制度与管理组织)、人员安全以及技术安全 (如计算机机房、操作系统、数据库系统、网络通信、软件、硬件等) 三个方面，相关内容分析描述如下。

1. 管理安全

一个单位应在信息系统安全管理工作方面建立相应的管理制度，并要求严格执行管理制度，各项操作要符合制度要求；另外，要建立相应的安全管理职能部门，设置相应的安全管理岗位，为信息系统的安全管理提供组织上的保障。

2. 人员安全

人员安全要求一方面提高单位员工的安全意识，加强信息系统安全重要性教育，学习并掌握与其岗位相关的信息安全管理制度；另一方面，单位内部在岗位设置和人员安排方面要注意做到职责分离，职责分离的目的是：保证不同的人员承担不同的职责，人员之间可以互相监督和检查，从而防止错误和舞弊。其原则是：在分工协作的基础上明确各部门、人员的权限与责任。

3. 技术安全

技术安全用来防范信息系统运行环境中影响信息系统正常、可靠运行的安全隐患，保护信息系统中的各种资源免受毁坏、替换、盗窃和丢失的威胁。这些威胁主要包括自然灾害风险、环境故障风险，如电力故障，设备故障，温度、湿度、静电影响等。为保证技术安全，主要控制措施包括以下几种。

一是物理位置，远离地下室、蓄水池、化工厂、加油站、储气站、机场等。二是水灾控制，计算机中心具备水灾探测器。三是火灾控制，计算机中心具备防火能力、火灾警报器和灭火系统，要定期检测消防设施。四是电力供应相关风险的控制，计算机中心具备电力中断控制能力，如具有 UPS（不间断电源）、后备发电机供电等设施；具备电源线中断控制能力，如备份电力系统等。五是防潮和防尘控制。

（二）信息系统安全审计主要内容

在开展信息系统安全审计时，审计人员可以关注以下内容：

第一，检查被审计单位是否建立了配套的安全管理职能部门，通过管理机构的岗位设置、人员的分工以及各种资源的配备。

第二，检查被审计单位是否对各类信息系统进行了风险评估，是否根据信息系统的重要程度等因素，建立和实施了信息系统分类和保护体系，是否保证了该体系在单位内部的贯彻落实。

第三，检查被审计单位是否针对信息系统安全管理工作建立了相应的管理制度，并要求管理人员或操作人员严格执行管理制度，各项操作符合制度要求，信息系统安全制度是否符合国家有关信息管理的法律法规及技术标准。

第四，检查被审计单位是否建立了信息系统安全计划和保持长效的管理机制（如信息系统安全管理机制，包括信息系统安全标准、策略、实施计划和持续维护计划；信息系统安全策略，包括安全制度管理、信息系统安全组织管理、资产管理、人员安全管理、物理与环境安全管理、通信与运营管理、访问控制管理、系统开发与维护管理、信息系统安全事故管理、业务连续性管理、合规性管理等）。

第五，检查被审计单位是否采取了相应的措施对人员进行管理，例如，岗位设置是否合理，是否做到分工明确、职责清晰，重要岗位是否相互制约；涉密人员是否签订了保密协议等。

第六，检查被审计单位是否定期对管理层、信息部门技术人员、其他员工、客户等进行信息系统安全教育。

第七，检查被审计单位是否组织了必要的培训，使所有员工都了解了信息系统安全的重要性，让员工充分了解了其职责范围内的信息保护流程。

第八，检查被审计单位是否定期对信息系统安全情况进行评估，并提交安全评估报告。检查对安全评估中发现的问题是否及时整改。

第九，检查被审计单位操作系统管理，例如，账号及密码管理、系统访问控制等。

第十，检查被审计单位数据库系统管理，例如，数据库用户身份认证和权限管理、数据安全、备份及恢复和性能管理等。

第十一，检查被审计单位网络安全管理，例如，是否建立健全网络管理相关的内部控制规章制度、技术规范、操作规程等，是否制定了网络访问控制措施和网络日志管理措施，网络通信系统各项文档是否完备，被审计单位是否定期对网络安全进行评估。

第十二，检查被审计单位是否制定了相关策略和流程，以管理所有生产系统的活动日志（包括交易日志和系统日志）。

第十三，检查被审计单位交易日志和系统日志的保存期限设定是否符合要求。

七、业务连续性管理审计

(一) 业务连续性管理审计

业务连续性管理是为了防止业务活动中断，保护关键业务流程不受信息系统失效或自然灾害的影响，将意外事件或灾难对业务的影响降低到最低水平。业务连续性管理包括识别和降低风险、制订连续性计划、建立应对意外事件或灾难的响应与恢复机制、测试和检查业务连续性计划的有效性与合规性、维护业务连续性计划。

其中，IT服务连续性管理是业务连续管理的重要领域。该管理的目的是在组织通过业务影响分析、风险分析确定业务连续管理策略后，通过有效的IT可用性方案、IT响应和恢复预案的设计、培训、测试、维护等措施，确保在意外事件或灾难发生后，在最短时间内恢复业务运行所需的 IT 基础设施、信息系统和 IT 服务，最终使机构能够按照 IT 服务连续管理方案中规定的水平与恢复时间等目标对外提供服务。

业务连续性管理审计的目的就是确保被审计单位的业务连续性管理符合相关要求。

（二）业务连续性管理审计主要内容

在开展业务连续性管理审计时，审计人员可以关注以下内容。

第一，检查被审计单位是否建立了一个专门组织或指定了一个部门负责本机构业务连续性管理工作（该组织应包含但不限于风险管理部门、业务牵头管理部门、信息科技部门或跨部门的业务连续性管理委员会）。

第二，检查被审计单位是否制订了规范的业务连续性计划。

第三，检查被审计单位是否评估因意外事件而中断其业务运行的可能性及影响，这些意外事件如内外部资源（如人员、系统或其他资产）的故障或缺失、信息丢失或受损、外部事件（如战争、地震或台风等）。

第四，检查被审计单位是否能提供业务连续性管理相关规章制度、文件及人员名单。

第五，检查被审计单位业务连续性计划是否有年度应急演练。

第六，检查被审计单位是否制订了规范的 IT 服务连续性计划。

第七，检查被审计单位是否能提供与 IT 服务连续性计划组织相关的会议纪要、演练记录等资料。

第八，检查被审计单位业务连续性计划和年度应急演练结果是否由信息科技风险管理部门或信息科技管理委员会确认。

八、信息系统应用控制审计

（一）应用控制

信息系统应用控制保证数据处理完整、准确地完成而建立的内部控制，它针对的是与信息系统应用相关的事务和数据，目的是确保数据的准确性、完整性、有效性、可验证性、可靠性和一致性。

应用控制的主要目标是确保：①输入的数据是准确、完整、已授权和正确的。②数据在可接受的时间内得到预期的处理。③数据存储是准确和完整的。④数据输出是准确和完整的。⑤数据在从输入到存储，再到最终输出的整个过程中是可追溯的。

（二）应用控制和一般控制的关系

某些应用控制的有效性取决于一般控制的有效性。当一般控制薄弱时，应用控制就无法真正提供合理保障。因此，良好的一般控制是应用控制的基础，可以为应用控制的有效性提供有力的保障。

（三）应用控制的主要内容

根据以上分析不难发现：应用控制是对输入、处理和输出过程的控制。因此，应用控制主要可以分为三类：输入控制、处理控制和输出控制。

第一，输入控制。输入控制用来确保每笔待处理的事务都被准确完整地输入、处理和记录。这些控制能够保证只有有效授权的信息才被输入，且事务只被处理一次。输入控制的目的是：①保证只有经授权批准的数据才能输入信息系统。②保证经批准的数据完整、准确地输入信息系统，没有丢失、遗漏，也没有增加、重复或被做了不恰当的修改。③在数据输入过程中，被信息系统拒绝的错误数据能被正确改正后重新向系统提交。④能检查数据中是否仍然存在错误。

第二，处理控制。处理控制是对信息系统进行的内部数据处理活动的控制措施，一般是通过计算机程序实现自动控制的。处理控制的目的是确保应用程序处理活动的可靠性。

第三，输出控制。输出控制用来确保数据以一致和安全的方式传递给用户，且数据要符合一定的格式。输出控制的目的是：①保证信息系统输出信息的准确性、可靠性。②保证信息系统输出信息能按要求及时送到指定的人员手中，而未经批准的人员不能接触。③对信息系统中敏感的电子数据应加密以后再输出。

（四）应用控制审计基本步骤

应用控制审计就是用来确保被审计单位的应用控制符合相关要求。

第一，业务流程分析。在该步骤中，需要通过访谈和现场查看等方法了解被审计应用系统的业务流程，厘清业务流程中的信息流、资金流和文档流等。

第二，应用控制识别。在该步骤中，根据前面分析的业务流程识别控制活动，并根据控制活动的类别，识别出应用控制或手工控制，同时确定这些应用控制的关键程度。

第三，应用控制测试。在该步骤中，根据识别的应用控制属性和控制活动描述，对其进行控制测试，如采用数据测试法，即在正常运行的条件下，将测试数据输入内控流程，穿越全流程和所有关键环节，把运行结果与设计要求对比，从而发现内控流程的缺陷。

第四，控制缺陷确认和审计报告撰写。在该步骤中，对测试发现的控制缺陷进行汇总，并与被审计单位确认。在此基础上，撰写审计报告。

第三节　持续审计与联网审计

一、持续审计

（一）持续审计的含义

互联网等信息技术的发展将使得审计技术方法向持续、动态、实时的方向发展。持续审计成为审计信息化的一个重要发展方向。持续审计得到学术界、审计人员以及软件开发人员的关注。

什么是持续审计？相关学者都对这一问题进行了研究。概括来说，持续审计可以理解为：能在相关事件发生的同时或之后很短的时间内就能产生审计结果的一种审计类型。持续审计也被称为实时审计。要实现持续审计，需要一个在线的计算机系统把审计部门和被审计部门联系起来，所以，持续审计也称为持续在线审计。随着信息化程度的提高以及计算机网络的广泛使用，目前正在开展的所谓联网审计也是持续审计的一种实现方式。

(二) 持续审计一般实现方法

技术实现方法的研究一直是持续审计研究的重点。随着信息技术的发展，越来越多的持续审计实现方法被提出。

所谓嵌入式持续审计，是指为了完成对被审计信息系统的持续监控，在被审计信息系统中嵌入相应的程序模块 (触发器、智能代理等)，通过该程序模块不断地对被审计信息系统中的数据进行检测，从而完成持续审计。几种嵌入式持续审计的实现方法简介如下。

第一，嵌入审计模块技术。嵌入式持续审计的典型代表就是嵌入审计模块技术 (EAM)。

第二，传感器和数字代理技术。传感器和数字代理技术也是实现嵌入式持续审计的一种方法。例如，采用传感器和数字代理技术来实现嵌入式持续审计的框架。这种方法是在被审计信息系统中放置传感器和数字代理，并在传感器和数字代理中定义相应的规则，被审计信息系统中的数据和传感器、数字代理中定义的相应规则的任何差异将会通过 E-mail 传给审计人员，审计人员再根据该信息采取相应的措施。

第三，基于 DBMS 触发器的持续审计模型。尽管目前国内外已经研究了多种实现持续审计的方法，但这些方法仍存在很多不足之处，或者不具有通用性，或者实施成本太高，不能较好地满足目前的需要。因此，研究简单易行的持续审计方法对我国开展持续审计具有重要的理论和应用价值。基于持续审计的研究现状，可以应用基于数据库管理系统 (DBMS) 触发器的持续审计模型。

一是 DBMS 触发器的工作原理。DBMS 触发器是在特定事件出现时自动执行的代码块。它在插入、删除或修改特定表中的数据时触发执行，比数据库本身标准的功能具有更精细和更复杂的数据控制能力，是一种特殊的存储过程，但是用户不能直接调用它们。

触发器可以自动计算某字段的数据值，如果数据值达到了预定的值，触发器则会根据需要执行相应的处理程序。例如，如果某职工的年住房公积金高于国家规定的最高值，触发器则会立即给审计人员发送警告信息。

触发器可以基于时间限制用户的操作。例如，如果下班后或节假日有人修改数据库中的数据，触发器将立即给审计人员发送警告信息。

触发器可以基于数据库中的数据限制用户的操作。

触发器可以提供审计和日志记录。触发器可以把用户对数据库的更新写入审计表，从而可以跟踪用户对数据库的操作，如果用户对数据库的操作违反相关规定，触发器则会立即给审计人员发送警告信息。

触发器可以实现复杂的数据完整性规则。例如，在某住房公积金管理系统中，如果用户录入一条总房款为 100 万元、贷款金额为 200 万元的贷款记录，触发器则会立即给审计人员发送警告信息。

二是基于 DBMS 触发器的持续审计模型原理。根据对被审计单位的业务及数据库系统的分析，在被审计信息系统中定义相应的触发器，触发器的定义和修改可以在现场，也可以以远程的方式进行。

当数据输入被审计信息系统的时候，触发器会对每一条数据进行检测，从而判定每条数据是否符合定义的业务规则。如果不符合定义的业务规则，该数据将被导入异常数据库。

对于异常数据库中的异常数据，可以通过网络传输到审计单位，审计人员可以实时或定期对异常数据库中的异常数据进行现场或非现场的审查，并对有问题的数据进行审计判断和进一步的延伸审计。

二、联网审计

联网审计可以归纳为一种随着网络技术在审计中的应用而形成的新的审计模式，它使审计信息交流、审计证据的采集和分析技术、审计项目管理等任务实现了网络化、远程化，并且由于新的方法工具的应用，审计任务的性质、目标也发生了局部变化。

（一）联网审计一般实现方法

1. 面向数据的联网审计原理

审计人员根据审计任务的需要，到被审计单位现场采集电子数据，然后对这些电子数据进行预处理并完成数据分析，获得审计证据，这种开展电子数据审计的方式可称为现场电子数据审计，这是目前电子数据审计的主要方式。相对于现场电子数据审计，我国正在研究与实施的联网审计也可以看成远程联网电子数据审计，其原理可以看成一个采用远程联网方式从被审计单位采集电子数据，并对其进行分析，获取审计证据的过程。这种类型的联网审计是通过不断采集被审计单位信息系统中的数据来实现的，它在技术实现上主要包括审计数据采集、审计数据传输、审计数据存储以及审计数据分析四个部分。这种方式也可以看成一种面向数据的联网审计（DOOA）。

2. 审计数据采集

要实现联网审计，必须研究如何采集被审计单位的电子数据。一般来说，联网审计数据采集的实现是通过在被审计单位数据服务器端放置一台称为"数据采集前置机"的服务器，并在"数据采集前置机"上安装数据采集软件，把审计需要的财政财务数据和相关经济业务数据采集到部署在本地的审计数据采集服务器（前置机）中，从而完成联网审计的审计数据采集工作。

3. 审计数据传输

审计数据传输主要是把采集来的数据通过网络传输到审计单位中，以供审计数据分析使用，即利用公共通信资源网构建的联网审计数据传输网把部署在被审计单位审计前置机中的数据传输到审计单位的计算机中心。在实际工作中，可以根据具体的情况采取相应的数据传输方式，例如，对于数据量大且要求实时审计的数据，可以采用专线的方式进行数据的传输。

4. 审计数据存储

在联网审计环境下，由于从被审计单位采集来的电子数据是海量的，所以，对于采集来的电子数据需要采取一定的方式来存储，即可以在审计单位构建联网审计的海量数据存储系统。随着云计算技术的发展，也可以应用云存储技术来解决联网审计环境下审计数据的海量存储问题。

利用海量数据存储系统可以实现按不同的应用（逻辑）或按数据特征（类

型)进行分区管理。例如,在海量数据存储系统中,可以根据联网审计的需要或不同数据特征的需要,同时存放税务联网审计、海关联网审计、银行联网审计等若干个系统的海量数据。

5. 审计数据分析

这一阶段主要是采用相关审计工具和方法对采集来的电子数据进行分析,从而发现审计线索,获得审计证据。在联网审计环境下,采集来的数据是海量的,因此,研究如何分析审计数据,获得审计证据是实现联网审计的关键。

(二) 实施联网审计的优缺点

1. 主要优点

第一,能有效消除七种审计浪费。传统的审计模式具有七种审计浪费,即过度审计、等待、时间延迟、审计过程自身的无效率、审计过程的不连续、过多的审阅过程、误差,而实施联网审计能有效消除这七种审计浪费。例如,减少调阅资料时间,审计人员可以远程获取主要审计资料,避免传统审计中依赖被审计单位提供数据,缩短等待数据的时间。据统计,在一般审计项目中,审计人员等待调阅会计资料的时间大量占用审计人员的有效工作时间。在联网审计模式下,主要的审计数据采集是通过数据采集前置机来获得的,具有前所未有的主动性和灵活性。

第二,降低审计工作成本。实施联网审计后,需要的审计人员会减少,人力成本就会相应降低。对于异地审计项目的开展,实施联网审计能有效地减少外勤经费,如差旅费、住宿费等,这也大大降低了审计成本。

第三,节省审计的时间,提高了审计效率。在传统审计模式下,由于审计对象的情况往往比较复杂,仅凭一次审计就把全部问题都查出来几乎是不可能的。而联网审计则可以把数据采集来之后,采用先进的审计数据分析方法对审计数据进行仔细的分析,从而可以全面发现审计线索。

第四,提高了审计的独立性。现场审计时,审计人员依赖被审计单位提供数据,提供数据的效率和质量会影响到审计行为的实施效果。联网审计时,借助于联网审计系统,审计人员具备更大的灵活性和行为独立性,可以对审计事项进行更加自由的调查取证，形成审计意见。此外，现场审计时，审计人员和被审计单位人员在工作全过程中接触，在涉及敏感问题时，难免会受到各方面的干扰，影响审计人员的独立判断。而在联网审计模式下，审计人员与被审计单位人员处于物理上的不同地点，从环境上来说有利于审计人员保持独立性。

2. 主要缺点

第一，实施成本高。实施联网审计的成本可以分为一次性成本和经常性成本两部分，一次性成本是指联网审计系统开发和运行的初始投资；经常性成本是指在联网审计系统整个生命周期内反复出现的运行和维护成本。

第二，审计风险高。在联网审计环境下，审计的主要对象是从被审计单位信息系统中采集来的原始数据，如果被审计单位没有健全的内部控制制度来保证其数据信息的真实性，那么审计人员的工作都将建立在虚假信息之上，带来极大的审计风险。

另外，由于联网审计也是一个复杂的系统，有时灾难性的事故是无法预防或规避的，这些灾难造成的系统停顿也将给审计工作的开展带来重大影响。

(三) 联网审计系统的安全问题

面向数据的联网审计系统的安全因素主要包括审计数据采集安全、审计数据传输安全、审计数据存储安全和审计数据分析安全。

第一，审计数据采集安全。审计数据采集安全主要包括数据采集物理安全、数据采集身份认证与授权以及审计数据完备性等。

第二，审计数据传输安全。联网审计系统一般需要异地传输大量的数据，其中大部分数据是关系到被审计单位利益的重要数据，有些数据甚至关系到国家的重要利益，而目前联网审计系统的数据传输过程有时会应用公网系统，因此，联网审计系统数据传输的安全性问题非常重要。只有保证数据传输过程中的保密性和完整性，才能保证系统数据不被截获、不被泄露、不被监听和复制。审计数据传输安全主要包括信息传输安全、传输通道安全和网络结构安全。

第三，审计数据存储安全。在联网审计系统的数据中心存储着大量审计数据，包括从被审计单位采集来的审计数据以及审计人员分析处理后的结果数据，这些数据会涉及被审计单位的敏感信息以及国家的重要保密信息，这些信息发生泄漏会严重影响被审计单位和国家的利益。另外，数据的完整性也是极为重要的，一旦重要数据被破坏或丢失，就会对联网审计系统的日常运行造成重大的影响，甚至是难以弥补的损失。因此，审计数据存储的安全也很重要。审计数据存储安全主要是保证审计数据的连续性、共享性和可使用性，同时要保证审计部门内外数据的安全隔离。另外，为了防止各种灾难给数据存储带来的损害，应该建立异地备份方案。

第四，审计数据分析安全。审计数据分析安全主要包括审计人员在进行审计数据分析的过程中，不能更改原始的审计数据，不能泄漏相关的审计数据等。

第六章　智慧审计的类型

第一节　大数据审计

一、大数据审计的理论框架

大数据审计是审计机关遵循大数据理念，运用大数据技术方法和工具，对数量巨大、来源分散、格式多样的经济社会运行数据，开展的跨层级、跨地域、跨系统、跨部门和跨业务深入挖掘与分析。大数据审计的理论框架主要由大数据审计、大数据审计分析技术和大数据审计平台构成。

（一）大数据审计

大数据审计首先要坚持"数据先行"，只有高质量的基础数据才能成为大数据审计分析的基础。

1. 数据审计

数据审计中包含结构化、半结构化和非结构化数据，按照数据来源可划分为依托外部的公共资源、审计基础资源、审计业务资源、审计知识资源以及审计共享信息。依托外部的公共资源是指互联网或其他公共渠道能够获得的审计需要的相关信息；审计基础资源是审计管理全流程中形成的审计计划、审计证据、审计底稿、审计报告和审计决定等全部文档资料；审计业务资源主要是指专题性行业数据；审计知识资源主要是以知识发现和知识管理为目标，收集的审计方法、审计法律法规、质量管理、审计事项等知识信息；审计共享信息主要是依托国家电子政务外网和国家级、省级公共数据交换平台，用于各级政府机关政务共享的数据。

2. 大数据采集和预处理

对审计数据分析有价值的数据都应纳入采集范围，主要采集技术有ETL、网络爬取和数据众包采集。数据预处理即对采集到的数据进行清洗、填补、平滑、合并、规格化，以及检查一致性等处理，并对数据的多种属性进行初步组织，主要包含数据清理、数据集成与变换以及数据规约。ETL（extract-transform-load）是将数据从来源端经过抽取、转换、加载至目的端，为联机分析处理、数据挖掘分析提供数据支持。对于非结构化数据转结构化数据采集，我们利用聚焦爬取工具，对聚焦爬取的审计主题信息，进行去重、分类等加工处理，建立索引并以搜索的方式满足用户的需求。

3. 数据储存与管理

数据储存技术主要有分布式文件系统、关系数据库、非关系数据库、数据仓库、云计算和云存储等，建立数据库时必须遵循标准化原则、扩展性原则、可维护性原则和开放性原则。目前对于海量数据的存储和管理，在硬件上一般应用服务器集群架构，在软件上应用分布式文件系统。其优点是存储量大，可以方便地实现 TB 级别的数据存储；可靠性高，集群的各个结点可以实现负载均衡，不会因为一个结点出错而造成整个服务停止；扩展性强，集群可以通过增加结点来提高整个系统的吞吐率。

（二）大数据审计分析技术

数据审计分析是实现大数据审计价值的直接途径，分析方法主要有验证型分析、查询型分析和挖掘型分析。验证型分析主要是验证采集的数据是否真实、完整、有效，是否包含审计人员需要的全部信息；查询型分析一般通过数据库工具依照法规、逻辑关系等一定的规则查询数据中存在的疑点问题；挖掘型分析是挖掘海量数据中蕴涵的数据模式与规律，来发现审计线索和分析解决审计问题，并预测趋势和行为的数据分析模式。

（三）大数据审计平台

大数据审计的分析需要高性能的平台，来满足海量数据处理的需求，提升分析的效率和效果。大数据审计云平台能够满足大数据审计的采集、存储、预处理、建模和分析需要，主要由基础设施层、数据存储层、数据分析层和平台应用层构成。基础设施层包含服务器、网络、操作系统、存储设备和数据接口等软硬件设备。数据存储层除了借助云计算环境和分布式文件系统 HDFS 建立审计数据库以外，还包括数据预处理、数据存储、数据管理、数据检索、数据审批和数据加密等功能。数据分析层为数据分析技术和分析模型，包括查询式分析模型和挖掘式分析模型。平台应用层主要运用数据分析工具、语句转换工具、数据切分工具和语言文本挖掘工具等开展数据分析、疑点分发和数据挖掘，对分析结果进行可视化展现，生成审计分析报告。

二、大数据审计的风险分类

（一）大数据审计的数据采集风险

第一，被审计单位通过业务流程产生的数据存在固有风险。有的被审计单位内部控制体系不健全或执行不严，不能及时预防或检测出存在的重大错误，审计时将存在重大错误的数据当成一般数据进行分析处理，难以识别存在的问题。有的被审计单位内控制度对审核程序设计不严密，上一阶段形成的业务数据存在的重大错误没有被发现，下一个阶段的业务又继续办理，掩盖了重大错误；极个别业务人员绕过业务流程，在流程之外办理业务，该业务数据没有录入信息系统，导致业务数据不全。

第二，采集的数据真实性难以保证。目前，各地审计局每年除政府预算执行审计需要上报财政数据到省审计厅外，其他项目均未集中上报数据，即使上报也无法保证数据的真实性和准确性。对被审计单位提供的或被处理过的数据缺少有效验证方法；对业务数据在其上级主管部门不在基层的，数据的真实性和准确性无法保证。如工商、车辆和贫困人员等数据，无法连续提供或以表格的形式提供，导致存在人为修改数据的问题；个别被审计单位出于不同的目的，用虚假资料捏造经济业务数据。

第三，数据割裂、不连续的风险。目前，各级审计机关与被审计单位之间的信息系统尚未完全建立数据访问与共享机制，审计大数据的获取仍停留在按需收集的阶段。虽然审计部门每年都能获得财政、单位财务等主要数据，以及社保、残联、公安、工商、贫困人员等方面的辅助数据，但这些数据都是被动获得，并非相关部门主动收集、整理上报，因此未被安排开展审计的单位或行业，以保密或其他理由为借口，不提供或不完全提供相关数据，导致数据在时间上不连续，在内容上出现割裂和碎片化的现象。

第四，数据时效性不强，存在错误、冗余、难关联的风险。一是信息系统管理人员严重缺失，很多部门信息系统已建立多年却不能有效使用，数据时效性不强，收集的数据口径不一，出现不同程度的错误、冗余；二是各部门各自为政现象较为明显，部门间的数据很难实现共享，审计机关收集的数据必须经过整理后才能关联；三是各行业的信息系统在开发前对基层业务流程调研不足，导致开发的信息系统与业务流程脱节，业务人员不能完全在信息系统中办理日常业务，业务流程走完后还要录入一次，既浪费人力物力，又不能保证数据的完整性；四是信息系统逻辑检验不严，该录入的数据不录入也没有提示，导致形成的数据前后矛盾，有的甚至为空。

第五，信息系统存在的漏洞风险。信息系统本身存在的漏洞在审计过程中往往被忽视。究其原因主要是信息系统的建立与维护大部分是由第三方专业机构负责，在使用过程中根据实际操作的便利性调整相关模块，但对流程的合理性、权力的监管情况考虑不完善。各部门使用的信息系统，有的是自行开发的，在系统设计时根本就没有考虑数据规范化的问题；有的是上级主管部门委托机构开发设计的，在开发时没有进行充分调查，系统操作不简便，基层业务人员不容易使用；有的系统短时间内不断升级，甚至新版本完全抛弃老版本，致使新老版本数据不兼容，老版本形成的历史数据也被抛弃，形成数据断代。

(二) 大数据审计的数据管理风险

数据管理风险主要表现为数据在存储和传输过程中出现丢失、泄密或销毁等管理工作风险。一是工作人员的计算机及移动存储介质等发生遗失、机房设备防灾能力不强的风险；二是在大数据的集中存储过程中，由于安全防护不到位，数据网络加密不足，攻击者利用数据挖掘和分析技术进行攻击，从而窃取或破坏数据的风险；三是由于审计人员违规使用互联网传送数据，或使用非专用设备处理涉密信息导致的数据泄露等风险；四是部分安全管理人员业务素质不高，对网络拓扑、设备状态、策略配置等了解不够，存在无法对第三方运维公司的操作进行有效审核把关的风险；五是对第三方运维公司的管理不够严格，市县审计机关普遍未与第三方运维人员签订数据安全保密协议，存在安全隐患的风险；六是终端和移动存储管控不严，只有少数审计机关制定或部署了审计专网和本级分析网准入策略，个别审计机关审计专网终端和互联网终端混用，存在数据风险。

(三) 大数据分析和使用风险

第一，系统出现漏洞所引发的风险。片面针对被审计单位的相关数据进行分析，而忽略对被审计单位业务信息系统的安全性与可靠性的关注。如果被审计单位系统出现重大漏洞，会对分析结果产生影响。

第二，数据分析与审计业务人员沟通不足存在的风险。审计人员与数据分析人员之间沟通交流不充分，审计人员不能用数据思维提出审计思路，分析人员不能完全理解审计思路，导致数据分析结果与审计思路不同轨、不同向，从而影响审计质量，埋下风险隐患。

第三，电子数据存在被篡改和伪造的风险。一方面电子证据存储在介质中，复制不影响其完整性，相较纸质证据而言，不易区分原件和复印件；另一方面电子证据容易被人为篡改或伪造，也存在数据灭失和失实的风险。因此，审计人员面临保证从原始数据到最终审计证据的证据链的完整性，保证电子数据生成的证据具有审计证明力的风险。

(四) 大数据审计的疑点核查风险

大数据审计是人机结合的系统工程，大数据审计分析出的疑点和线索，是一个信息采集、抽样、建模、处理、分析的过程，数据是核心组成部分。由于数据自身的特性，在审计人员取证过程中会面临信息质量的风险。该环节的风险主要表现在：一是下发的审计疑点质量风险。下发的审计疑点只有筛选后的结果，未附相关审计思路以及疑点违规方向，核实人员在进行核实时一头雾水，被审计单位也存在困惑。二是能力和责任心不足导致疑点落实错误风险。由于基层审计机关业务人员较少，工作责任落实不到位和综合型人才缺乏，审计人员消极完成工作任务导致的风险。

三、大数据审计的风险防控对策

(一) 完善大数据审计法律法规建设

第一，应从国家层面加大法律制度完善研究力度。一是从制度层面上规范审计机关利用大数据技术采集、存储相关部门信息和根据审计机关要求定期报送数据信息的法律授权方式；二是根据大数据技术的流程及标准，制定合理的数据存储、共享和管理的法律法规；三是为大数据审计中获得的审计证据、得出的审计结论效力提供法律法规保障。

第二，加强各级审计机关规章制度建设。一要加强组织领导，统筹业务和技术力量，将大数据审计贯穿审计项目全过程；二要健全大数据审计工作机制，明确大数据审计的组织方式、人员配备和工作流程等内容；三要完善大数据审计协同机制与疑点反馈机制，推动大数据分析技术与审计业务的更深层次的融合。

(二) 大数据审计数据采集的风险防控

第一，规范大数据审计数据采集方式方法。一是要做好采集前的准备。根据审计目标，充分调研，了解审计所需采集的数据；通过与被审计单位相关人员接触，熟悉被审计单位的数据信息系统流程和数据信息结构；根据审计目标和了解的情况，提出明确的数据采集需求。二是制定科学的采集流程，并严格按照流程进行操作。审计人员不应直接接触被审计单位系统和后台数据库，而是要提出操作需求和数据要求，被审计单位进行响应，由被审计单位相关人员现场操作，实时加密，审计人员进行现场监督。

第二，完善大数据审计数据检查校验流程。对审计所需数据采集前后相关内容进行检查，通过记录计数和控制总数检查、连续性检查、业务数据对比检查、重要数据检查、数据完整性检查等必要技术手段审查数据的完整性和真实性。同时要求被审计单位提供数据真实完整性承诺书、数据采集语句、数据备份日志文件、数据字典等相关技术资料。并将原始备份数据进行二次备份，存入固定存储设备，以免数据的损坏和遗失。

第三，建立大数据审计数据采集长效机制。审计部门应当积极争取地方政府和被审计单位的支持，建立和健全大数据采集工作领导小组和工作机构，实现数据访问和数据共享机制，逐步建立定期采集和报送审计数据的长效机制，让静止、碎片化的数据动态化、连续化，为大数据审计创建基础数据环境，解决数据不全面、不连续的问题。对被审计单位故意捏造经济业务数据等行为进行责任追究。

（三）大数据审计数据管理的风险防控

第一，建立大数据审计管理中心。建立大数据管理中心，统一管理采集到的各单位数据，实现"数据集中、应用分布"管理模式。中心将数据标准化和关联之后融合在一起，提供可扩展的数据处理能力，从整体视角对被审计单位进行多角度、多维度的数据查询分析。存放数据的服务器或计算机应禁止访问互联网，通过数据的物理隔离，确保数据安全。

第二，建立审计数据管理制度。要建立健全审计数据安全工作责任制，把责任落实到具体部门、岗位和个人；加大审计数据安全的教育培训力度，增强人员的安全意识和保密意识；强化网络安全防护能力，定期进行安全检查，及时消除安全风险和管理漏洞，按网络安全等级保护要求对老旧设备进行升级换代，增加必要的防护设备；提升网络安全应急响应能力，定期修订完善网络安全应急预案，提高应急处置流程的科学性和可操作性。加强与网信部门、公安机关及安全服务机构的沟通，建立网络安全工作协调机制；加强数据安全防护，严格落实数据处理和使用审批流程，按照"最小授权"原则划分数据访问权限，采取数据库审计、日志记录等措施，防范数据丢失、篡改、未授权访问等风险；强化对审计终端的防护，严禁通过互联网传输审计数据。加强对服务和运维人员的管理，与第三方公司和人员签订保密协议，严格设置工作权限。

（四）大数据审计数据分析的风险防控

第一，组建大数据审计数据分析团队。一是要建立审计数据分析室，采取"集中分析、发现疑点、分散核查、确认问题"的审计模式。数据集中分析过程中要积极借鉴已有经验和成果，开展交流沟通分析思路和共享经验，建设审计分析台和固化审计模型，充分运用多维度的分析和数据挖掘技术，实现从整体视角、立体角度、多维度分析数据，防控审计风险，提升审计项目质量。二是要锤炼大数据审计思路，审计人员必须在有限的时间里熟悉被审计单位政策、业务流程、数据结构，确定审计思路，并通过建立标准数据库和多行业数据关联找出审计疑点。

第二，持续优化人才培养。一是分层分类组织培训。在做好全员培训的基础上，针对不同岗位安排不同的培训内容和时长，增强培训的针对性和实效性。二是强化培训内容的实用性和前瞻性。一方面要根据审计业务工作需求制订培训计划，结合审计案例开展实操培训，提升培训质量；另一方面，除组织 SQL Server 数据库、AO 软件等培训外，要密切关注大数据分析技术趋势，加大对国产化软硬件、Python 自然语言处理等内容的培训力度，提升大数据分析综合运用能力。

（五）大数据审计疑点核查方面的风险防控

第一，疑点核查人员应持客观谨慎的态度。疑点核查人员应主动沟通、仔细倾听、认真负责，与数据疑点核实单位人员保持良好的沟通状态，取得被审计单位的理解和支持，引导相关人员在规定时间里提供有用的审计信息。对有异议的数据疑点核查反馈意见要综合分析，查清真相。对于核查过程中发现的重要疑点，要及时到疑点形成的项目、工地现场测量核实，或向疑点单位以外的关联单位及个人调查、了解有关情况，取得相关辅助证据，进而深挖问题根源，全面准确地揭露问题。

第二，精准定性疑点问题。大数据审计分析结果仅小部分可以指向审计结论，大部分分析结果展现的仅仅是疑点、表象，不能直接当作问题取证或定性。所以，必须对疑点仔细甄别，筛查出审计问题，并加以整理归类，探研原因，才能有效判定问题的性质。

第三，充分征求被审计单位意见。征求被审计单位意见，不仅是审计程序的一个法定环节，也是审计组与被审计单位对大数据疑点问题达到相对统一的过程。一方面，向被审计单位进一步阐明审计观点，以便深入充分地交换意见，化解矛盾；另一方面，充分听取被审计单位的意见，进一步了解产生问题的深层次原因，可以了解其对审计行为的看法，取得被审计单位的认可，建立良好的工作关系。

第二节 人工智能审计

一、人工智能审计的发展趋势

随着社会经济发展程度的不断提高，人工智能的技术已经可以适用于注册会计师的部分工作，审计行业发展的新特点将是以电子技术和计算机系统为主。审计的工作方式和核算手段日新月异，经历了从早期的手工核算到电算化，再到如今在审计、会计和税务等工作中引入人工智能的概念。

第一，随着人工智能的发展与完善，将会有越来越多的功能被引入审计过程当中，可以取代审计工作中的简单、重复性、低附加值、占用大量劳动力、可流程化标准化的劳动，比如，录入底稿、收发函证、数据处理分析等将被替代。只有当这些工作被替代，审计人员才会真正有时间、有精力去从事那些更具有附加值的工作，才能真正解放自己，释放更多的资源去从事数据分析、绩效评价、财务管控、流程再造、决策分析支持、投资融资决策、风险管理等高附加值工作。

第二，目前审计人员所做的部分不需要多少技术含量、简单重复的工作，例如，阅读乏味的合同和其他文件将被善于记忆与运算的计算机系统所取代，审计、税务等基础的财务人员会逐步减少，取而代之的是智能审计、智能税务等人工智能系统。随着人工智能与审计业务系统的不断结合，互联网、数据挖掘和云计算的进一步发展，以及支持财务分析和审计业务系统的创新，人类将构建出智能财务决策支持系统。但是人工智能是按照事先设定的规则执行程序的，它没有感情，不能彻底地实现灵活思考，例如，在涉及人的方面——处理组织与人员、组织与组员、组织与组织的问题时，人工智能并不具有完全智能地处理问题的能力，因而人工智能并不能完全取代注册会计师审计。

二、人工智能审计的主要优势

(一) 提高审计人员的工作效率

审计工作在开展的过程中，要注意对审计证据的分析和收集。审计证据是审计人员为了得出审计结论，形成审计意见而使用的所有信息，包括财务报表所含有的信息和其他信息。在传统审计中往往因为审计证据不全面，获得数据的方式较为单一而制约审计工作的顺利进行。在大数据发展的今天，审计工作中所需的资料更是丰富多样，不仅包括被审计单位的财务报表和相应的数据资料，还包括各类文件、视频，想要凭借人工的力量真的太困难了，而人工智能可以迅速提取所需要的各类数据信息，完成大样本审计证据的全面审计工作，让审计人员从烦琐的工作中解放双手，与手工审计相比结果也更为准确。人工智能储备的信息保存的时间更久，在需要的时候提取更为方便，波及的方面也更为广泛，实现了审计工作的实时性和高效性。

充分利用当代的人工智能技术，不仅能够有效改善我们日常审计工作的灵活性，而且有助于在提高效率的同时降低出错率。人工智能使分析结果的准确性得到明显提高，不仅避免了人为判断带来的主观影响，还会改善决策制定的相关流程。为审计师面对庞大交易进行迅速准确分析且为发现各项风险提供相应的技术和理论支持，该技术可以进行实时监控交易活动并及时发现舞弊行为。

随着时代的不断发展，财务报告、与审计相关的各项法规日渐增加并趋于复杂化，推陈出新的速度也日趋加快。商业模式化的竞争模式也越来越激烈，这要求我们学会居安思危，我们必须在更短的时间内完成更多的工作。人工智能和数字创新会让我们的工作更有价值，它将大大减少我们收集数据的时间，减少简单重复的劳动。在人工智能的环境下工作，审计人员只要轻点鼠标就能将繁重的业务轻松完成。有效压缩了时间成本和人力资源成本，让审计人员留有更多的精力用来分析和解决复杂的问题，不断提高审计的质量。

(二) 减少审计工作的风险

审计方法的逐步改变是人工智能发展的必然产物，传统的审计方式绝大多数是采用抽样审计方法，但在人工智能时代下的选择必然是全面审计，逐一进行审计。在以往，由于人力资源、时间、技术跟不上等限制，只能选择抽样审计，但是抽样审计不能保证准确性，风险还是相对较大。为了降低这一风险，只能不断增加样本数量，但同时审计的成本也在随之增加而增加，由此可见，传统审计明显具有较大的局部性和固着性。一直以来，在工作中即便计划了审计工作中的审计对象，也只能抽查被审计单位的部分重要项目，审计监督依旧存在盲区。传统的审计已经不适应大数据时代的发展，人工智能可以实现在尽可能短的时间内，对全部数据的采集，极大程度地降低审计风险，审计监督的盲区也将不复存在。

重新计算和重新执行是审计工作中至关重要的阶段，随着计算能力的完善和成本的减少，审计人员可以更好地进行重新计算坏节，减少被审计单位由于数据汇总环节造成失误的可能性，降低了审计风险。人工智能时代，为审计工作提供了新的审计环境，我们不再局限于以往高成本的审计，审计人员也不再受限于获取到的不充足审计证据，改变以往只能在有限、合理的审计范畴内提供相对适当的审计保证的状况，而要将审计中的风险有效地控制在合适的范围内。被审计单位采取人工智能记账替代传统手工记账的方法，由电子凭证替代纸质凭证，不再会出现翻阅凭证的现象，很好地实现了数据的高效查询与分析，出错的概率更小。

在结合人工智能促进审计工作的过程中，进行的每一步程序都可以追踪和记录，被审计单位可以清楚查看到每个论点的由来和出处，确保审计工作的公正独立性。在总体样本的基础上进行审计，可以更好地消除审计人员的不确定性，消除因为人力和时间成本而带来的担忧，经由对数据全面对比分析，发现隐藏的审计风险，科学地预测风险，合理地规避风险，自然就会降低审计风险。

(三) 改变审计工作的方向

在传统的审计工作中更侧重于审查信息的真实性和可靠性，而在人工智能中，不再只是为了查询确认是否存在舞弊现象而进行审计工作，目标更加侧重于高效率和低风险。人工智能利用数据库的优势进行全面分析和应用，从更加综合广泛的视角出具审计报告，发表审计意见，从而更加客观和具有代表性。在人工智能环境下，审计工作作用于单位经营的各个方面，实现不同阶层管理者的不同审计目标，实现审计价值的不断提升。

(四) 提升审计人员的自身修养

随着人工智能时代的到来，网络技术与审计工作的不断结合，审计不仅仅需要有经验的工作人员，还要熟悉各项计算机操作并加以应用。审计工作不断被关注和认可，需要我们招纳更多的高学历人才的加入，组建一支综合的审计团队。传统的审计人员要逐步适应新兴现代审计的工作方式，在不断丰富自己专业素养的同时，提高计算机网络应用的能力，跳出圈子看世界。适应并利用人工智能所创造的环境，从大数据中寻找重点并作出准确的判断，这就需要审计人员积累相当的知识经验并符合更高的标准。审计人员要不断探索和积累，不断学习和提高自身素养，将新科技与工作结合在一起。在人工智能替代简单审计程序的环境下，审计人员应该积极应对。优化对资源的分配利用，完善战略性思维，适应环境的需要，实现最终的审计目标，是每个审计人员努力的方向。

三、人工智能审计工作水平的对策

(一) 审计人员要增强对科技的操作能力

科学技术已经渗透在我们的日常生活当中，尤其在这个人工智能的时代，科技影响了我们生活的方方面面。在审计领域，我们需要的是复合型审计人员，审计人员提升自己对科技的实际操作能力是非常有必要的，审计工作人员利用人工智能的目的不是做它们的"服务员"，而是要成为它们的操控者和监督者。

首先，审计人员需要储备足够的专业知识，并且在此基础上培养自身对科技的操作能力，能够熟练地运用人工智能信息系统。其次，审计人员要进一步提升自身的职业判断能力，从而更好地在面对人工智能审计系统给出各种前所未见的各类数据分析审查结果时能够准确地做出职业判断。如此才能实现人机的完美结合，全面提高审计的效果和效率。

(二) 引用区块链，保证数据安全

数据安全问题是人工智能快速发展过程中必须面对和解决的问题。人工智能系统运行需要大数据，提供服务也是以大数据为基础，就会涉及数据的安全保护问题，因此，对敏感信息的核查及风险判断、利用监控监视非法行为是非常重要的解决措施。

审计人员应当加强对数据的管理，引用区块链，从根本上保证数据安全。所谓区块链是一种分布式数据库，用户在区块链的基础上有属于自己特定的数字身份的同时维护数据及个人隐私，并且只允许特定组织和个人访问、储存、分析或分享个人数据，在数据所有者不允许的情况下，其他人无法浏览此数据。因此，区块链技术可以成为审计人员保护数据安全的一个有力工具，可以创立一个属于自己的数据库，通过严格的访问限制和授权机制来实现审计数据的安全。

人工智能是近年来科技领域最热门的话题，人工智能对人们的改变已经渗透到生活的方方面面，人工智能已经并且将继续取代人的大部分活动，高级的脑力活动。对于审计领域来说，人工智能的优势极大地冲击原来的审计模式，这对审计来说既是一个发展的机遇，也是一个严峻的挑战。审计人员要有风险意识，时刻保持着清醒的头脑，顺应时代的发展，不断提升自己的专业水平，提高自身的信息技术能力，更好地与人工智能相结合。只有这样，才能让审计在新时代更好地发挥自身经济监督、经济鉴证、经济评价的作用。

四、人工智能审计风险

大数据审计是指面对大量的数据，运用大数据技术方法和工具，开展多层次、多部门联合的数据收集、分析和验证。与传统审计相比较，大数据审计所使用的数据更多源复杂，所使用的技术方法更科学高级。而人工智能

审计则是在大数据审计的基础上，将审计过程智能化和标准化，可以说大数据是人工智能审计的基础，而人工智能是大数据审计的未来提升的必然方向。而在这种发展衍生的过程中，通过分析发现会面临以下三种新型风险：

（一）数据安全风险

人工智能审计的所有构建都基于大量的数据和数据模型，所以数据安全风险既包括数据源获取是否准确与全面的风险，也包括数据泄露的风险。

我国目前各地管理标准不一、信息化智能化建设水平差异较大、各地和各部门出于信息安全性考虑对大部分数据保密等情况，造成了各级审计机关之间、审计机构与被审计单位之间数据流通不畅的问题。并且在大数据时代，信息量巨大，信息结构复杂，网络中充斥着大量的虚假信息、错误信息，如果数据源出现错漏，将影响整个审计过程和审计结果。而在进行数据储存和传输的整个过程中，一旦用户的数据库和服务器遭到黑客的袭击，很有可能就会造成数据泄露。

（二）人机沟通障碍风险

在审计中人机沟通的目标就是使得用户和计算机软件之间能够尽可能方便地进行信息交换。然而目前审计机构的审计方法大多停留在基于 SQL 的数据查询和基于电子表格软件的数据查询两个层面。然而这两种方法都有其无法避免的不足之处。

在 SQL 的数据查询方法中，需要根据不同的问题特征编写较为复杂 SQL 语句，这对于审计人员的电脑和编程能力有很高要求；而这种分析的结果通常以二维表格展示，当所得到的结果数据量较多时，无法直观地展示筛查结果。而在基于电子表格软件的数据查询中，大多软件无法对大量的数据进行分析，同时半结构化的数据也很难用到传统的电子表格进行分析。而当今数据量不断扩大，数据类型和结构也更加复杂，很显然电子表格软件已经无法完全满足对于大数据审计工作的需求。

（三）人工智能代替职业判断的风险

审计的职业判断，是指审计人员在对于审计准则、财务报表的编制及其职业道德操守进行熟悉和掌握的基础上，将其相关知识、技术以及实战经验进行综合应用并针对具体审计业务做出的一种有根据性的决定的判断。

目前的人工智能技术运用水平下，人工智能的运行还是要依赖以往的经验判断和设定的程序语言，再通过高速运算，最终做出类人的行为。无法取代人脑的创造性解决问题的能力和对新事物探索定义问题的能力。尤其在被审计单位或人员不配合、刻意隐瞒作假、行为言语有异常引起审计人员警惕的情况时，人工智能则完全无法对审计人员起到替代作用。在不能保证所有被审计单位都对审计机构保持绝对信任和完全的数据共享的前提下，人工智能想要完全取代审计人员，代替审计人员的职业判断，还需要在技术和制度两个方面都做出更多的努力。

五、人工智能审计风险的应对措施

(一)靶向数据安全风险：加密技术和"区块链＋审计"

针对数据安全问题，加密及安全技术的发展，比如，基于数据仓储单元的信息安全技术，查询方凭借设定的访问授权才能对所指定的数据记录或者数据库中的文件进行查询。伴随着大量的数据搜索收集及分析，查询方的组织属性、访问类别等信息将以"安全标签"的形式嵌入其中的原始数据，形成唯一的新型数据单元结构。将大量的数据仓储单元安全技术综合运用于监督信息共享的平台，可以直接通过对访问授权的方式进行控制，从而有效地保证了原始数据的采集存储、流通等相关信息的完整性及其安全，使得审计过程和审计成果的应用可以变得更加高效、便捷。

而区块链技术是一种基于去中心化的全新分布式记账技术，区块链的去中心化特点，减轻了存储审计数据的管理压力，降低了审计数据存储的安全风险。同时，区块链也充分利用时间戳技术来有效保障本地客户端与远程移动终端之间的数据实时更新顺序完全相符。时间戳技术能够直接作为对区块数据"存在性"和"真实性"的事实证明，确保了应用该技术的审计系统的安全性和可靠性以及相关信息的准确真实性，大大增加了审计抵御技术风险和辨别真伪能力。

(二) 靶向人机沟通障碍风险：数据可视化

数据可视化的应用在很大一定程度上解决了数据分析技术难度高和分析结果不直观的问题，数据可视化主要是通过各种易于理解的手段，将复杂的数据显示出来，从而能够清晰有效地直接表达出数据中的信息，审计人员通过数据可视化就能发现隐藏在数据之下的规律。

在对交通运输、地理资源、环境保护等领域进行审计时，其业务数据包括融合几何、像素信息的图形和影像数据。此时，数据可视化分析的优势就体现在：第一，它拥有友好的人机交互功能，可以实现数据分析的操作只需系统页面的简单点击就可完成。第二，它具有图像化功能，有助于审计人员掌握审计要求和重点。第三，其具有强大的图形分析技术，可以交互地构建和调节曲线、表面、节点等各种数学模型，可以替代一部分编程工作，提取异常的数据。

(三) 靶向人工智能代替职业判断风险

靶向人工智能主要是指机器学习与审计经验相结合。机器学习是现代人工智能的一个重要组成部分，它使分析模型的建立进入自动化的程序。机器学习用模型进行数据分析，其预测是否可靠依赖于它所输入的历史资料质量。

而为了使得审计智能化和自动化，不仅要及时地搜集到所有审计的数据，还要反复进行数据处理，推导得到可以广泛应用的公式，在数据库的选择与筛选中，任何一个数据如果出现错误都有可能直接造成最终分析结论准确性的下降，但人工智能在其现有的信息化和科技水平之下，无法通过自主机器学习的方式来弥补其中这一缺陷，换句话说，目前人们只能通过培训提升审计人员的业务水平和职业道德，减少甚至消除了劣质数据的形成和产生，再通过对数据的存储分析来积累优质审计人员和专家的经验，以此来应对人工智能无法代替职业判断的风险。

第三节　智能审计

在传统审计环境下，审计人员手工检查被审计单位的纸质材料，如账簿、会计凭证以及其他各类财务报表资料等，审计效率低，审计成本高。进入审计信息化时代，无论是开展电子数据审计，还是信息系统审计，审计对象由纸质的材料转变为以电子数据和信息系统为主，采用的审计手段为各类审计软件与工具，这在一定程度上提高了审计率，降低了审计成本。但审计工作仍然需要大量的人工参与，不能实现审计的自动化与智能化。近年来，大数据、云计算、人工智能等信息技术的发展与应用为智能审计的研究与应用带来了机遇。

一、智能审计的内容

目前，人工智能已在相关行业得到广泛应用。近年来，审计范围越来越广，审计业务越来越多，被审计单位的环境也越来越复杂，同时在大数据环境下，被审计单位的数据量快速增长，这些都要求审计人员必须在更短的时间内完成更多的工作，并且要更好地实现审计的目标。人工智能等技术可以减少审计数据采集和分析的时间，降低简单重复的劳动；运用人工智能等技术，对审计大数据进行分析，特别是纸质合同中的信息数字化后，能够让软件自主学习审计的思维模式，使审计人员把更多的精力用于解决关键问题上。随着人工智能技术的发展及其在相关行业的应用，审计、会计等领域也迫切需要应用人工智能技术。

简单地讲，智能审计就是利用大数据、人工智能、云计算、机器人、自动化等先进的信息技术，实现审计作业和审计管理的智能化，从而全面提高审计效率。

智能审计是审计信息化发展的高级阶段。在智能审计时代，审计的事务性工作、重复性工作将由"人工"转向"人工智能"，各类智能审计软件自动按审计人员的思路"智能"地完成审计数据采集、审计数据预处理、审计数据分析、审计线索核实、审计报告生成等工作。另外，还可以将审计人员从繁杂的重复性工作中解放出来，实现审计工作流程自动化，从而提高审计效率。

二、智能审计作业

第一，基于 OCR 技术实现智能审计数据采集。审计人员使用 OCR 技术可以实现纸质材料的智能审计数据采集。通过 OCR 综合使用图像处理、计算机视觉、自然语言处理和深度学习等技术，准确全面地识别扫描件和图片中的文字，并通过语义分析理解抽取出业务所需的关键要素，在识别的同时实现文档的电子化和结构化处理。

第二，基于图像识别技术实现图像智能分析。审计人员使用图像识别技术可以实现图像数据的智能分析，从而满足大数据环境下非结构化数据分析的需要。

第三，基于 RPA（机器人流程自动化）技术实现智能审计数据采集与分析。审计人员可以根据审计业务的需要，通过 RPA 技术实现智能审计数据的采集与分析。审计人员使用 RPA 技术可以实现自动采集被审计单位内部相关财务与业务系统中的数据，可以自动抓取与被审计单位相关的外部网站信息，也可以自动扫描采集发票或电子发票中的关键信息，如发票号码、发票代码、开票日期等。

第四，基于语音识别/语音合成技术实现智能审计服务机器人。例如，设计审计咨询机器人，通过审计咨询机器人，可以实现机器人与审计人员的互动，解答审计人员在审计过程中遇到的相关法律法规等问题；设计审计访谈机器人，通过审计访谈机器人，可以帮助审计人员自动完成审计访谈等工作。

第五，基于机器学习等技术实现智能审计数据分析。机器学习（machine learning，ML）是实现人工智能的一种方式，是人工智能最前沿的研究领域之一。审计人员可以应用机器学习算法和大数据去训练不同的审计模型，从而实现智能审计数据分析。

第六，实现智能持续审计/联网审计。在未来的审计工作中，审计人员可以利用人工智能技术实现对被审计单位的持续审计，实时监控被审计单位，当发生异常交易时，人工智能软件自动收集相关数据，并做进一步分析和复核，对需要进一步落实的疑点进行分级预警，并将信息推送给相关审计人员进行查证处理。

三、智能审计管理

目前，审计管理一般包括审计公文与文书处理、被审计单位资料信息管理、审计人员信息管理、项目资料管理、项目计划管理、经费安排、法律法规管理、人员培训等，除审计作业外，都可以归入审计管理系统。

在信息化环境下，为了提高审计管理效率，审计管理信息化和智能化势在必行。大数据、人工智能、云计算、机器人等先进信息技术为实现智能审计管理提供了机遇。

第一，审计工作管理为审计项目管理提供年度计划，审计工作管理主要包括年度计划、审计人员、外聘人员、统计分析等模块，这些模块可以帮助审计单位完成年度计划的管理、本单位审计人员和外聘人员的管理，以及年度计划、本单位审计人员和外聘人员等相关内容的统计分析工作。

第二，审计项目管理为审计作业管理提供审计方案，审计项目管理主要包括项目计划、审计方案、项目文档、项目评价、整改问题、项目模板、项目统计等模块，这些模块可以帮助审计单位完成审计的项目计划、审计方案、项目文档、项目评价、整改问题、项目模板、项目统计等相关内容的管理工作。

第三，审计作业管理为审计项目管理提供各个审计项目的实施方案、审计底稿、审计报告等材料。审计作业管理主要包括实施方案、审计底稿、审计报告、结果评价、模板管理等模块，这些模块可以帮助审计单位完成每个审计项目作业过程中实施方案、审计底稿、审计报告、结果评价等相关内容的管理工作。

第四，审计知识管理为审计作业管理提供审计经验、审计相关法律、法规等审计知识，便于审计人员开展审计工作。审计知识管理主要包括法规库、历史项目、审计知识、审计经验等模块。

第七章　审计工作内容

第一节　审计工作的主要程序

审计程序是指审计师在审计工作中可能采用的，用以获取充分、适当的审计证据以发表恰当的审计意见的程序。审计程序一般包括七大基本程序，分别是询问、函证、检查、观察、重新计算、重新执行、分析程序（简称两问两查两重一分析）。

一、询问

询问是指审计人员以书面或口头方式，向被审计单位内部或外部的知情人员获取财务信息和非财务信息，并对答复进行评价的过程。例如：询问被审计单位人员有关收入变动原因。

询问程序要注意：①询问本身不足以发现认定层次存在的重大错报，也不足以测试内部控制运行的有效性，不足以形成审计结论。②作为其他审计程序的补充，询问广泛应用于整个审计过程中（需要结合其他审计程序一起使用）。③在询问管理层意图时，获取的支持管理层意图的信息可能是有限的。注册会计师可能认为有必要向管理层和治理层获取书面声明，以证实对口头询问的答复。

二、函证

函证是指审计人员直接从第三方获取书面答复以作为审计证据的过程，书面答复可以采用纸质、电子或者其他介质等形式。

函证程序要注意：①函证程序因其有较高的可靠性，广泛用于审计流程中。②函证最常用的是针对账户余额，但也可以是合同、交易条款。③函证范围通常包含往来款项、或有事项、存货、银行存款、银行借款、理财产品等。

三、检查

检查是指审计人员对被审计单位内部或外部生成的，以纸质、电子或其他介质形式存在的记录和文件进行审查，或对资产进行实物审查。

第一，检查记录或文件。检查记录或文件的目的是对财务报表所包含或应包含的信息进行验证。例如：检查银行对账单、检查合同、核对回函结果等。目前这些机械性工作都可以通过审计工具来实现，从而达到快速核对输出结果，提高审计效率的目的。

第二，检查有形资产。检查有形资产程序主要适用于存货和现金，也同样适用于有价证券、应收票据和固定资产等。例如：现金监盘、应收票据监盘、存货监盘、固定资产监盘。

检查程序要注意：①检查记录或文件可以提供可靠程度不同的审计证据，审计证据的可靠性取决于记录或文件时，其可靠性取决于生成该记录或文件的内部控制有效性。②检查有形资产可为其存在性提供可靠的审计证据，但不一定能够为权利和义务或计价与分摊认定提供可靠的审计证据。

四、观察

观察是指审计人员查看相关人员正在从事的活动或实施的程序。观察程序要注意：①提供的审计证据仅限于观察发生的时点。②在相关人员已知被观察时，相关人员从事活动或执行程序可能与日常的做法不同，从而会影响注册会计师对真实情况的了解。③因为观察程序的不可靠，注册会计师有必要获取其他类型的佐证证据。

五、重新计算

重新计算是指审计人员对记录或文件中数据计算的准确性进行核对（手工方式或电子方式进行）比如，测算折旧、测算税费等。

重新计算程序要注意：①重新计算获取的审计证据可靠性高。可以实现计价和分摊、准确性目标。②重新计算主要用于审计人员不完全信任被审计单位计算结果时使用，这时需要审计人员自己重新计算，对记录或文件中的数据准确性进行重新核对。

六、重新执行

重新执行是指审计人员独立执行原本作为被审计单位内部控制组成部分的程序或控制。

重新执行程序要注意：①审计证据可靠性高，但是仅适用于测试内部控制的有效性。②审计人员通过模拟被审计单位业务流程来验证其准确性和完整性。主要在控制测试中应用。

七、分析程序

分析程序指审计人员通过分析不同财务数据之间以及财务数据与非财务数据之间的内在关系，对财务信息做出评价。例如：月度波动分析、两期对比分析、毛利率分析、产能利用率分析、产耗比分析等。

分析程序要注意：①分析不同财务数据之间；②分析财务数据与非财务数据之间；③分析程序还包括在必要时对识别出的、与其他相关信息不一致或与预期值差异重大的波动和关系进行调查。

总之，七大基础审计程序之间并非彼此独立的在具体的审计过程中，审计人员通常会将这几项基础审计程序单独或组合起来，用作风险评估程序、控制测试和实质性程序，以获取充分、适当的审计证据；单独适用一项基础审计程序很难获得充分的审计证据。

第二节　审计工作的主要内容

审计工作是一种独立的、客观的鉴证活动，旨在增加对某个实体、项目、系统或流程的信任度。审计工作通常由专业的审计师执行，他们根据既定的标准、准则或规范，对财务报表、运营程序、内部控制或合规性等方面进行审查和评估。

审计工作的核心目的是提供关于被审计对象信息的真实性、完整性和可靠性的意见，这有助于提高利益相关者对该实体或项目的信任度。审计师通过审查和评估被审计对象的财务报表、运营程序、内部控制和合规性等方面，来确保这些信息的准确性和可靠性。审计师在履行职责时，需要保持高度的独立性和客观性，避免任何可能影响其判断的利益冲突。他们需要根据既定的审计准则和标准，制订审计计划，收集和分析审计证据，并编制审计报告，提出审计建议。

一、审查各项财务制度的落实情况

审查各项财务制度的落实情况是内部管理和外部监管的重要环节，旨在确保财务活动的规范性、合规性和高效性。

财务制度是财务管理的基石，它规定了单位财务活动的范围、程序、标准和责任，是单位实现财务目标、保障资产安全、提高经济效益的重要保障。因此，审查单位各项财务制度的落实情况，是评估单位财务管理水平、发现潜在风险、提出改进建议的重要手段。

首先，在审查过程中，需要关注的是单位财务制度的完整性和规范性。这包括单位是否建立了涵盖会计核算、资金管理、成本控制、预算管理、资产管理、财务分析等方面的财务制度，以及这些制度是否符合国家法律法规、会计准则和行业规范的要求。审查时，应详细查阅单位的财务手册、规章制度、操作流程等文件，与单位的财务管理人员进行深入交流，了解制度的制定背景、执行情况和实际效果。

其次，审查的重点在于单位财务制度的执行情况和有效性。一方面，要检查单位是否按照财务制度的规定进行会计核算、资金管理、成本控制等财务活动，是否存在违反制度规定的行为。这需要通过查阅单位的会计凭证、账簿、报表等会计资料，以及银行对账单、合同协议等相关文件，对单位的财务活动进行全面、细致的检查。另一方面，要评估单位财务制度的有效性，即制度是否真正起到了规范财务活动、提高经济效益的作用。这需要对单位的财务状况、经营成果、运营效率等方面进行分析，与单位的财务目标进行对比，判断单位财务制度是否达到了预期的效果。

在审查过程中，还应关注单位财务制度的更新和完善情况。随着国家法律法规、会计准则和行业规范的不断变化，以及单位自身经营环境的变化，单位财务制度也需要不断进行调整和完善。审查时，应了解单位是否定期对财务制度进行修订和更新，是否根据新政策、新规定和新需求对制度进行补充和完善。同时，还要关注单位财务制度的执行效果是否持续改进，是否存在制度执行不力、效果不佳等问题，以及单位是否采取了有效的措施进行改进和提升。

最后，审查单位财务制度的落实情况还需要关注内部控制的有效性。内部控制是单位财务管理的重要组成部分，它有助于保障单位财务活动的合法合规、资产的安全完整、财务信息的真实可靠。审查时，应了解单位是否建立了完善的内部控制体系，包括不相容职务分离、授权审批、会计系统控制、财产保护控制、预算控制、运营分析控制等方面。同时，还要检查单位内部控制的执行情况，是否存在内部控制缺失、执行不力等问题。

二、完成单项业务的审计工作

完成单项业务的审计工作是单位财务管理和内部控制的重要环节，旨在确保单位某项具体业务活动的财务记录和处理符合相关法律法规、会计准则和内部规章制度的要求。

单项业务的审计工作通常涉及对某一特定业务活动的全面审查和评估，包括但不限于该业务的收入、支出、成本、资产、负债等方面。审计工作的首要任务是明确审计目标，即确定要审查的具体业务活动及其相关的财务记录和处理流程。在此基础上，审计人员需要收集并整理与该业务活动相关的所有财务和非财务信息，包括会计凭证、账簿记录、合同协议、发票收据、银行对账单等。

在信息收集完毕后，审计人员需要对这些信息进行详细的分析和比对。他们首先会检查业务活动的收入是否真实、完整，并符合单位的收入确认政策。例如，对于销售业务，审计人员会核实销售合同、发票和收款记录的一致性，确保销售收入的真实性和准确性。同时，他们还会关注收入确认的时点是否符合会计准则的要求，避免提前或延迟确认收入的情况。

除了收入，审计人员还需要对业务活动的支出和成本进行审查。他们会检查支出是否与单位实际发生的业务活动相匹配，是否存在虚假支出或不当支出的情况。对于成本，审计人员会关注成本的计算方法和分摊原则是否合理，是否符合单位的成本核算制度。此外，他们还会对成本的变动趋势进行分析，以判断成本控制的合理性和有效性。

在审查业务活动的资产和负债时，审计人员会关注资产的存在性、完整性和价值准确性，以及负债的真实性和完整性。例如，对于存货业务，审计人员会进行存货盘点，核实存货的数量和价值是否与账簿记录相符。对于应收账款和应付账款，审计人员会检查相关的合同、发票和收款或付款记录，确保债权债务关系的真实性和准确性。

在审查过程中，审计人员还需要关注业务活动的内部控制情况。他们会评估单位内部控制制度的健全性和有效性，检查单位是否建立了适当的职责分工、授权审批和复核机制，以确保业务活动的合规性和准确性。同时，他们还会关注单位是否存在内部控制缺陷或漏洞，以及这些缺陷或漏洞是否可能导致财务风险的发生。

在完成上述审查和分析后，审计人员会根据审计结果编制审计报告。报告会详细列出审计发现的问题、潜在的风险和改进建议。对于发现的问题，审计人员会提出具体的整改措施和建议，以帮助单位完善财务管理和内部控制，提高业务活动的合规性和准确性。同时，审计报告还会对单位的财务状况和经营成果进行总体评价，为单位的管理层和外部利益相关者提供有价值的参考信息。

三、审查财务收支项目

财务收支项目审查的首要任务是明确审查范围和目标。这包括确定审查的时间跨度、具体项目类别（如销售收入、采购成本、管理费用等）以及审查的重点和关注点。在此基础上，收集并整理相关的财务资料，如会计凭证、账簿记录、银行对账单、合同协议等，确保信息的全面性和准确性。

在审查过程中，对收入项目的审查尤为关键。审查人员需关注销售收入的真实性、完整性以及确认时点的合规性。通过核对销售合同、发票、出库单和收款记录，确保销售收入的金额、时间和客户信息与实际情况相符。同时，审查收入确认政策是否符合会计准则要求，避免提前或延迟确认收入，导致财务报表的失实。

对于支出项目的审查，重点在于支出的合理性和合规性。审查人员需核实各项支出的必要性、真实性以及是否符合预算和审批流程。通过检查采购合同、发票、验收报告和付款记录，确保支出的金额、用途和供应商信息与实际情况一致。此外，还需关注是否存在未经授权的支出、虚假报销或超预算支出等不合规行为。

在审查财务收支项目时，还需关注资金流动的合规性和安全性。通过检查银行账户的开设、使用和管理情况，确保资金流动的合法性和合规性。同时，审查资金支付流程，确保支付操作符合内部控制要求，防止资金流失或被挪用。

在完成审查后，审查人员需编制审查报告，详细记录审查过程、发现的问题以及改进建议。报告应客观、准确地反映财务收支项目的真实情况，为企业管理层提供决策依据，同时也为外部监管机构提供必要的审计证据。

四、审查发票、凭证、账册、报表的真实性

审查发票、凭证、账册、报表的真实性是企业财务管理和内部控制的核心环节，对于确保企业财务信息的准确性和完整性、防范财务风险、维护企业信誉具有重要意义。

在审查过程中，第一关注的是发票的真实性。发票作为交易活动的直接证据，其真实性直接关系到企业财务信息的可信度。审查人员需仔细核对发票的开具单位、开票日期、商品名称、数量、单价、金额等关键信息，确保其与企业实际交易记录相符。同时，还需验证发票的合法性，如检查发票是否加盖销售方发票专用章，以及发票号码是否在税务机关的系统中可查询、未重复使用。此外，对于电子发票，还需确认其来源的可靠性和电子签名的有效性。

第二，审查凭证的真实性。凭证是记录企业财务活动的重要载体，其真实性直接关系到企业账目的准确性。审查人员需逐一核对凭证的编号、日期、摘要、金额等关键信息，确保其与实际交易相符。同时，还需检查凭证的附件是否齐全、合规，如合同、发票、入库单、出库单等，以验证凭证的真实性和完整性。对于异常或可疑的凭证，需进一步追查其来源和用途，确保企业财务活动的合规性。

第三，在审查账册时，关注账目的清晰度和准确性。账册是企业财务信息的汇总和反映，其真实性直接关系到企业财务报告的可靠性。审查人员

需仔细核对账册中的各项数据，如期初余额、本期增加额、本期减少额、期末余额等，确保其与实际交易记录一致。同时，还需检查账册的登记和保管情况，确保账目的完整性和可追溯性。对于账册中的异常数据或不符项，需深入调查其原因，确保企业财务信息的准确性。

第四，审查报表的真实性。报表是企业财务状况和经营成果的集中展示，其真实性直接关系到企业外部形象和投资者的信任度。审查人员需仔细核对报表中的各项数据，如资产、负债、所有者权益、收入、成本、利润等，确保其与企业账册和实际交易记录相符。同时，还需关注报表的编制方法和依据，确保其符合会计准则和法规要求。对于报表中的异常数据或重大变动，需深入分析其原因，确保企业财务报告的准确性和可靠性。

五、检查、复核审计证据

检查与复核审计证据是审计过程中至关重要的环节，它直接关系到审计结论的准确性和可靠性。这一环节旨在确保所收集的审计证据充分、适当，能够支持审计结论，并有效揭示被审计单位经济活动的真实情况。

第一，在审计过程中，审计证据的收集是基础工作。审计人员需通过询问、观察、检查、重新计算、重新执行和分析程序等多种方法，从被审计单位的会计记录、财务报表、业务合同、银行对账单、发票、收据、内部管理制度及执行情况等各个方面，全面、客观地收集审计证据。这些证据应能够反映被审计单位经济活动的合法性、合规性、真实性和完整性。

第二，收集到审计证据后，检查环节至关重要。审计人员需对每一项审计证据进行仔细审查，确保其真实性、准确性和完整性。对于书面证据，如会计记录、财务报表、业务合同等，需核对原件与复印件的一致性，检查其签字、盖章等法律手续的完备性。对于实物证据，如存货、固定资产等，需进行实地盘点，核实其数量、质量及权属情况。对于口头证据，如访谈记录，需确保访谈对象身份的真实性和访谈内容的准确性。

第三，在检查的基础上，复核环节同样不可或缺。复核是对审计证据进行再次审查的过程，旨在确保审计证据的全面性、客观性和充分性。复核人员需对审计证据进行逐一核对，检查其是否满足审计目标和要求，是否存在遗漏或错误。对于关键证据，需进行重点复核，确保其真实可靠。同时，复核人员还需关注审计证据之间的逻辑关系，确保其相互印证，形成完整的证据链。

第四，在检查与复核过程中，审计人员还需保持职业怀疑态度，对审计证据进行审慎评估。对于可能存在问题的证据，需进行深入调查和分析，确保其真实性。对于无法获取充分、适当审计证据的情况，需在审计报告中明确说明，并提示审计风险。

六、编写内部审计报告

第一，内部审计报告需明确审计目的、范围和对象。报告开篇应简要介绍审计的背景、目的，明确审计覆盖的时间范围、业务领域及具体审计对象，如某个部门、项目或业务流程。这有助于读者快速理解审计的出发点和范围，为后续内容的阅读提供框架。

第二，报告应详细阐述审计方法和程序。审计方法包括审计抽样、数据分析、实地观察、访谈等多种手段，而审计程序则描述了这些方法的实际应用过程，如如何选取样本、分析数据、观察现场及与相关人员沟通等。这一部分旨在展示审计工作的科学性和严谨性，增强报告的权威性和可信度。

第三，在审计发现部分，报告需客观、具体地呈现审计过程中发现的问题、风险或不足之处。这包括但不限于内部控制缺陷、财务记录错误、资源浪费、合规性问题等。对于每个发现，都应提供足够的证据支持，如审计证据、截图、访谈记录等，确保问题的真实性和准确性。同时，对于发现的严重程度和影响范围也应进行适当评估，为后续的建议提供依据。

第四，针对审计发现，报告应提出具体、可行的改进建议。这些建议应基于审计发现的问题，结合行业最佳实践和企业实际情况，旨在优化内部控制、提升运营效率、降低风险水平。建议应具有可操作性，明确责任人和时间节点，便于管理层理解和执行。同时，对于实施建议可能带来的正面影响也应进行预测，以增强建议的说服力。

第五，报告应总结审计结论，强调审计的重要性和意义。结论部分应简明扼要地概括审计发现的主要问题、提出的建议及预期的改进效果，强调审计对于提升企业治理水平、保障资产安全、促进合规经营的重要作用。同时，对于审计过程中发现的亮点和优秀实践也应给予肯定，鼓励企业持续优化和改进。

第三节 审计工作的职业建议

一、加强学习是干好审计工作的前提

审计人员身居一线，肩负维护国家财经法纪的重任，既要坚持原则、秉公执法，又要加强业务技能学习、增强本领。充分发挥审计的"免疫系统"功能，只有勤于学习，善于总结，不断汲取营养，丰富大脑，才能提高分析问题，解决问题的能力。学习审计业务，要有捡起西瓜又不漏掉芝麻的思想，要在干中学、学中干，才能不断积累经验，增长才气，既要向有经验的领导和同志们学习，又要向理论实践学习，真正做到干到老、学到老。

二、学会思考是干好审计工作的基础

思考是一种能力。"学而不思则罔，思而不学则殆。"只学习，不思考，就不能把所学知识转化为能力。只有加强思考，才能不断从错综复杂的问题中找到规律，只有独立思考，才能不断提出自己的见解和主张。只有善于思考，才能使自己思维更深邃，凡事更有主见。只有学会思考，才能早日承担起审计事业的重担。审计人员需要持续学习专业知识，包括最新的法律法规、审计技术和方法等，以便能够胜任不断变化的工作需求。学习的过程中，应当注重理论与实践的结合，在实践中不断总结经验教训，提高自身的业务水平。

三、悟性的高与低是决定干好审计工作的保障

每个人的悟性千差万别，个人的悟性与学习、生活、工作等日常积累有很大关系，悟性的高低与得到的工作实效和质量也不尽相同。老子曾经说过："天下难事，必作于易；天下大事，必作于细。"审计工作尤其需要细致入微的悟性，用自己细致入微的做人标准和人格魅力影响周边的同事，用智慧来调动一切积极因素营造良好的工作环境。在经济社会高速发展时期，审

计工作尤为重要，新形势下，需要审计人员要不断学习、不断反思、不断创新、不断进步，才能成为新时期的复合型人才。

四、提升审计建议的质量

在撰写审计报告时，不仅要详细描述查出的问题，还要提出具有针对性和前瞻性的建议。审计建议应当避免过于琐碎，而是要着眼于建立长效机制，从根本上解决问题，促进被审计单位的长远发展。

五、压实审计整改责任

确保被审计单位对查出的问题有明确的整改计划，包括具体的责任人、时间表和整改措施。行业主管部门也需要承担起监督管理的责任，不仅要解决具体问题，还要从行业层面出发，优化相关政策，提升整体管理水平。

六、加强内部控制

内部控制是确保财务报表准确性的基石，审计工作应当重点关注内部控制的有效性。采用数据分析技术来辅助审计工作，提高审计效率和质量，同时帮助企业识别潜在的风险。

七、注重审计工作的创新与发展

利用现代信息技术，如大数据、人工智能等，提高审计工作的效率和准确性。积极探索新的审计模式和方法，适应不断变化的外部环境，提升审计工作的水平。

八、强化审计工作的独立性和专业性

确保审计人员在工作中保持独立性，避免利益冲突，保证审计工作的公正性和客观性。审计人员应不断提升自身的专业水平，通过参加培训和继续教育等方式，跟上行业发展步伐。

以上建议不仅适用于政府审计，也适用于企业内部审计和社会审计，有助于全面提升审计工作的质量和效果。

第四节　审计工作的优化措施

审计工作优化是一个综合性的过程，旨在提高审计效率、确保审计质量，并更好地服务于经济发展和社会进步。以下是一些关键的优化措施：

一、优化审计组织方式

第一，合理配置审计资源。根据审计项目的特点和性质，结合审计人员特长，精心研究组建审计组，使各成员之间优势互补，力求审计工作效率最大化。

第二，创新审计模式。改变以往审计机关单打独斗的模式，创新审计方式，如采取审计机关与纪检监察、人大监督共同联动等模式，增强审计监督合力，提高审计质效。

第三，拓展问题解决渠道。以审计业务例会为平台，认真学习研究上级政策文件精神实质，以审计发现问题为导向，运用全面分析、系统梳理、总结提炼等方法对项目审计重点、难点问题进行分析研判，从而找到解决问题办法。

第四，推行"1+N"审计模式。区审计局积极探索融合式、嵌入式审计模式，强化审计项目统筹和审计组织方式统筹，推行"1+N"审计模式，做到"一审多项、一审多果"，强化审计监督效能。例如，在进行部门预算执行审计时，同步对发改部门深化投资管理职能职责履行情况进行审计，实现了资源的有效整合。

第五，大数据审计应用。市审计局通过优化审计组织方式，以"1+N"方式统筹推进领导干部经济责任审计与其他专项审计融合开展，利用大数据技术进行审计工作。具体做法包括：项目审计组开展审前调查，收集相关系统数据清单，运用数据分析工具（如 Excel、SQL Server 数据库等），对集成电子数据进行多维度的整体关联分析，从而提高审计工作的精准性和效率。

第六，创新审计组织方式。涉县审计局通过采取"一次一授权"的方式，根据项目行业特点和业务要求，由班子成员担任组长，全程参与解决审计过程中遇到的问题；同时打破科室界限，根据项目特点组建审计团队，明确审计时限和标准，有效解决了人员不足的问题。此外，通过"三集中"（集中时间、集中办公、集中攻坚）的方式提升了审计质效。

以上措施不仅提高了审计工作的效率，还增强了审计结果的准确性和可靠性。

二、加强审计质量控制

审计质量是审计工作的生命线，对于提升审计机关的权威性和公信力至关重要。加强审计质量控制不仅是贯彻中央关于审计工作决策部署的重要举措，也是适应经济社会发展、服务改革大局的必然要求。

第一，提升审计实施方案质量。审计组应在下达审计通知书后合理时间内编制审计实施方案，并送分管领导审定。审计实施方案应在充分调查的基础上编制，做到重点突出、审计步骤和方法具体可行。

第二，关键环节的质量控制。重视审计取证、问题定性和处理三个关键环节。在审计取证时，注重结合被审计单位的实际经济活动和业务流程。准确定性审计发现的问题，确保后续处理有坚实的法律基础。在处理问题时，灵活运用法律法规，考虑被审计单位具体情况。复核审理的质量控制，实施多层次复核机制，确保审计工作的准确性。包括审计组组长的第一级复核、业务部门的第二级复核、法制机构的第三级复核以及领导层的最后一级复核。

第三，实行限时办结制度。严格控制现场审计实施时间，确保在审计实施方案规定时限内完成。构建完善的"质量强审"机制制度，形成全员全流程审计质量控制体系。强化全流程质量管控，确保审计项目的每一个环节都符合高标准。强化全员质量管控，明确各级人员的责任，提高审计质量在考核中的比重。强化分级质量控制责任，确保每一环节的审计质量。

第四，改进审计审理模式。严格依法行使职权，确保审计工作在宪法、审计法授权范围内开展。明晰权责边界，避免越位行为加强审计质量管控，实行二次审理模式，确保审计问题的定性准确、处理恰当。

第五，完善制度建设。根据上级部署，制定并完善审计质量控制制度，如审计业务质量检查办法等。组织审计人员学习《中华人民共和国国家审计准则》《中华人民共和国审计法》等相关知识，提升业务理论水平，通过这些措施，可以有效提升审计质量，确保审计工作的权威性和公信力。

三、强化审计整改落实

第一，建立制度，规范整改流程。为了规范审计整改工作，各地审计局牵头制定了相关制度，例如，《中共汉源县委审计委员会关于印发的通知》和《四川省审计整改结果公告办法》。这些制度推动了审计整改工作的制度化和规范化，同时加强了与其他部门的协作，形成了全过程闭环管理机制。

第二，建立闭环管理新模式。以"审计—整改—规范—提高"为主线，形成闭环管理，对审计项目查出问题实行分类编号、跟踪督促、情况反馈、整改销号的全流程管控。

第三，落实对账销号新机制。通过建立审计整改工作台账，明确各项问题的整改内容、整改金额、整改类型、整改期限以及责任单位等，对已完成整改的及时销号，对正在整改的实施动态跟踪，对超期未完成整改的定时催办回访。

第四，压实责任，确保整改质量。各地审计局在整改工作中实行了动态管理和问题整改"销号清单制"，通过各种方式加强对被审计单位整改工作的监督检查，确保审计发现问题得到实实在在的整改。此外，有的地方还明确了整改责任，对于上级审计机关查出的问题，政府承担整改主体责任；对于本级审计机关查出的问题，被审计单位承担整改主体责任。

第五，形成督办整改新格局：实行"业务处跟踪督导+综合督查处审核监督"整改工作格局，制定工作督查表，强化督查督办，及时掌握整改情况，确保审计查出问题真改实改。

第六，抓实抓细，提升整改成效。在审计整改工作中，各地审计局注重整改的质量和效果，不仅对历史审计发现问题进行全面梳理和整改，还对新增问题进行了及时整改。例如，某地审计整改工作专项行动中，52个项目333个问题全部完成整改，整改率达到100%，促进了新增整改问题的解决。

第七，持续跟踪，巩固整改成果。为了巩固审计整改成果，各地审计局采取了持续跟踪的措施，例如，按季度跟踪汇总整改落实情况，并将审计整改情况作为下次审计的重点关注事项。此外，还有的地方建立了督促检查机制，确保被审计单位在规定时间内落实审计决定、采纳审计建议。

第八，严格监督，问责整改不到位。对于整改不到位的情况，各地审计局加大了责任追究力度，确保审计整改落到实处。例如，有的地方对整改工作落实不到位的单位进行约谈，对整改不到位、弄虚作假等情况及时上报。这种严格的监督和问责机制有助于提升审计整改的严肃性和实效性。

第九，加强协作，形成整改合力。为了更好地推动审计整改工作，各地审计局加强了与其他监督部门的沟通协作，实现了信息共享和措施共举。这种协作机制不仅增强了监督合力，还有助于推动廉政体系的建立健全。

通过上述措施的实施，各地审计局在强化审计整改落实方面取得了显著成效，不仅提升了审计整改的质量和效率，也为建立健全长效机制奠定了坚实的基础。

四、运用现代信息技术

第一，充分运用大数据信息平台。利用大数据平台对项目资料反映的数据进行比对、关联分析，找到关键突破口，深入挖掘存在的差异，发现问题，从而提高审计效率。

第二，推广使用审计软件。积极推广使用先进的审计软件和技术工具，提高审计工作的自动化和智能化水平。

第三，做好数据采集。集中采集了地税征管信息系统的后台数据库原始数据，还原至审计人员电脑的 SQL Server 数据库中。

第四，进行电子数据的整理和转换。审计人员集中对采集到的数据进行筛选、整理，将有用的信息整理到主要的几张表中，将整理后的数据主表与各代码表关联，生成征收信息表。

第五，在数据库中利用 SQL 语句对整理好的征收信息表进行查询。经过数据分析，找出存在疑点的企业，作为审计的重点延伸企业，避免了以前手工审计仅仅是抽查反映一些局部表象性问题的局限，使审计查出的问题更为全面、有更加准确的数据作为佐证和支撑，审计工作质量大大提高。

五、加强审计队伍建设

加强审计队伍建设是确保审计工作质量和发展的关键。以下是一些根据给定搜索结果总结的策略：

第一，坚持正确的选人用人导向。审计局的队伍建设首先从选人用人开始，要坚持德才兼备、以德为先的原则，注重工作实绩和公开公正，激发审计干部在新阶段的新担当和新作为。

第二，加强对干部的教育和监管。经常性开展廉政纪律作风建设提醒谈话，对审计干部严管厚爱，促进年轻干部健康成长。

第三，实施人才兴审战略。适应新时期审计工作全面发展要求，加强审计机关人才队伍建设，建立了一支信念坚定、业务精通、作风务实、清正廉洁的高素质专业化审计干部队伍。

第四，注重审计知识积累和专业技能培训。随着审计工作的深入，加强审计人员计算机知识和审计业务技能的培训变得尤为重要。提升审计人员素质：加强审计人员业务培训，提高审计人员的专业素质和综合能力。

第五，整顿审计作风，擦亮审计形象。强化业道德教育，加强审计人员的职业道德教育，确保审计人员依法审计、

第六，廉洁审计。加强审计人员的使命感、责任感和光荣感，时刻把审计队伍廉政建设放在讲政治的高度，打造良好的审计形象。

第七，完善审计制度。贯彻落实宪法、审计法等法律法规，紧密结合审计工作的职能，不断完善审计制度。通过上述策略的实施，可以有效地加强审计队伍建设，提高审计工作的质量和效率，为经济社会的发展提供有力的保障。

综上所述，审计工作优化需要从审计组织方式、审计质量控制、审计整改落实、现代信息技术运用以及审计队伍建设等多方面入手，全面提升审计工作的效率和质量。

第八章　财务审计内容

第一节　原始凭证审计

原始凭证又称单据，是在经济业务发生或完成时取得或填制的，用以记录或证明经济业务的发生或完成情况的文字凭证。它不仅能用来记录经济业务发生或完成情况，还可以明确经济责任，是进行会计核算工作的原始资料和重要依据，是会计资料中最具有法律效力的一种文件。

一、原始凭证审计的意义

原始凭证，是会计核算的原始证据，会计流程为原始凭证—记账凭证—会计账簿—财务报告。如果原始凭证记录不正确、不真实、不合规、不合法，则记账凭证、账簿记录和财务报告中所提供的财务成本指标也就不可能做到真实、正确、合规、合法。由此可见，原始凭证应该反映一个单位正常经济业务发生的原始依据，是确保整个会计账目真实面目的基础。审计原始凭证及其记载的经济活动的真实性、正确性、合规性和合法性具有特别重要的意义。

第一，通过原始凭证的审计判断和证明财政、财务收支活动及其会计账表记录的真实性、正确性、合法性和合规性。如果原始凭证失真，就不能正确地反映微观经济各项经济业务的真实情况，从而影响国家宏观经济决策。因此原始凭证的审计，尤其重要，是审计的重点。

第二，通过原始凭证的审查取得必要的审计证据。通过原始凭证审计，对原始凭证真实性及相关印证附件审查，可以发现线索，取得直接审计证据，能判断被审计单位在财政、财务收支活动中有无违纪、违法行为，为做出审计评价和出具审计报告提供依据。

第三，通过原始凭证的审计判明被审计单位凭证组织的科学性和内控制度的完备性。原始凭证审核的内控制度是否完善是防止舞弊行为发生和保证会计账目真实、正确、合规、合法的重要措施。通过审计发现不科学、不完善之处，提出改进的意见，从而达到促进被审计单位加强管理，实现凭证组织的科学性和财务内控不断完善的目的。

二、原始凭证的审计方法

一是审阅法。审阅原始凭证的抬头与被审单位是否相符；凭证上有无经办人和审批人签字盖章；日期、内容有无涂改现象；凭证填制内容是否有笼统模糊；大小写金额是否相符。

二是核对法。核对记账凭证附件与所附原始凭证内容、数量、金额是否相符；核查重大物资采购真实数量与账面是否相符。

三是查询法。主要是对审阅和核对中发现的疑点问题，向相关人员直接询问或发函询问等方式，确定原始凭证存在的问题。

三、原始凭证审计的对策

第一，在审计中强化单位负责人、财会人员及相关人员的会计法律法规意识。《中华人民共和国会计法》和《会计基础工作规范》对涉及单位经济业务和会计核算相关人员的程序和职责有明确的规定。审计时应要求被审计单位负责人、财会人员对单位所提供审计的资料的真实性、完整性进行书面承诺，警示相关人员严格按照财经法规开展经济业务和会计核算，促使其依法履行职责，保证原始凭证真实、合法、准确、完整。

第二，促使被审计单位建立健全单位内部控制制度。各单位应根据《中华人民共和国会计法》的要求，制定相关的原始票据审批制度或流程，规范本单位财务报销审批手续。审计时应对被审计单位的内部制约机制和内部会计监督制度进行测试，并在审计报告中进行评价。

第三，加大审计查处力度。审计国家经济正常运行的"免疫系统"，要做到经济监督，就要在审计中查找问题。审计人员经历了多年努力，已经形成了一整套完整、可行的审计方式和经验。俗话说"道高一尺魔高一丈"，不管原始凭证的来源如何复杂，只要按照会计法的规定去比照，就不难查出隐藏的问题。尤其现在信息化时代，借助国税、地税等查询系统，很轻松便捷地找到原始凭证的疑点，通过现场调查、实地检查、实物清盘等手段，不难查出原始凭证后的重大违规问题。

第二节　记账凭证审计

在审计工作中，记账凭证审计作为会计审计流程的核心环节之一，其重要性不言而喻。它不仅是对经济活动真实性、合法性和准确性的直接验证，也是评估单位内部控制有效性、防范财务舞弊的关键手段。

一、记账凭证审计的意义

第一，确保会计信息的真实性。记账凭证是连接经济业务与会计账簿的桥梁，其准确无误地记录了单位每一笔经济业务的来龙去脉。通过审计记账凭证，审计人员能够核实经济业务的真实性，防止虚假交易或虚构收入支出的情况发生，从而确保会计信息的真实可靠，为利益相关者提供决策依据。

第二，强化单位内部控制。记账凭证的生成、审核、保管等流程体现了单位内部控制的多个环节。通过审计，可以评估单位内部控制制度的健全性和执行情况，发现控制弱点，提出改进建议，促进单位建立健全的内部控制体系，防范经营风险。

第三，预防与发现财务舞弊。财务舞弊是单位经营管理中的一大隐患，通过篡改记账凭证等手段进行财务造假，严重损害单位信誉和投资者利益。记账凭证审计能够揭露和纠正这类舞弊行为，维护市场秩序和公众利益。

二、记账凭证审计的方法

（一）抽样审计法

鉴于一些大的单位经济业务数量庞大，全面审计往往耗时费力，因此多采用抽样审计法。审计人员根据业务性质、金额大小、发生频率等因素，合理确定样本量，对选定的记账凭证进行详细审查，以此推断总体情况。抽样审计需确保样本的代表性和随机性，以提高审计效率和效果。

（二）比对分析法

通过将记账凭证与其原始凭证、账簿记录、财务报表等进行比对分析，检查其一致性、合规性和逻辑性。例如，核对发票金额与记账凭证金额是否相符，检查会计科目使用是否正确，分析财务数据间的钩稽关系是否合理等。

（三）询问与观察法

审计人员通过询问被审计单位相关人员，了解经济业务的背景、流程和内部控制情况；同时，现场观察记账凭证的生成、审核、保管等过程，以获取直观证据，评估内部控制的有效性。

三、记账凭证审计的优化策略

第一，加强内部控制。建立健全内部控制制度是预防上述问题的关键。单位应明确各岗位职责和权限，确保不相容职务分离；完善审批流程和签字制度，确保凭证的完整性和合规性；加强凭证的传递和保管管理，防止丢失和遗漏。

第二，提高会计人员素质。会计人员的专业素质和职业道德水平直接影响凭证的准确性和合规性。因此，单位应加强对会计人员的培训和考核，提高其业务能力和职业素养；同时，建立激励机制和问责机制，激发会计人员的工作积极性和责任心。

第三，规范凭证处理流程。单位应制定详细的凭证处理流程和标准操作规范，明确凭证的生成、审核、传递和保管等各个环节的具体要求和责任主体；同时，加强内部监督和检查力度，确保凭证处理流程的规范性和有效性。

第四，加强审计监督。审计部门应加强对记账凭证的审计监督力度，采用多种审计方法和技术手段对凭证进行全面深入的审查；同时，加强与被审计单位的沟通和协作，共同推动问题的解决和改进措施的落实。

第五，利用信息技术手段。随着信息技术的发展和应用，单位可以利用财务软件、ERP系统等信息化手段提高凭证处理的效率和准确性。通过系统自动生成凭证、自动核对数据和自动提醒等功能减少人为错误和遗漏；同时，利用大数据分析技术挖掘潜在的风险和问题为审计工作提供有力支持。

总之，记账凭证审计作为会计审计的重要组成部分，对于确保会计信息的真实性、强化单位内部控制、预防与发现财务舞弊具有重要意义。在审计过程中，审计人员应综合运用抽样审计法、比对分析法、询问与观察法等多种方法，全面深入地审查记账凭证的合规性、真实性和准确性。未来，随着信息技术的发展和应用，记账凭证审计将更加智能化、高效化，为单位健康发展提供有力保障。

第三节　会计账簿审计

会计账簿审计是审计工作中至关重要的一环，它直接关联到单位经济业务的真实性、正确性和完整性。会计账簿审计，简而言之，是指对会计账簿的组织结构及其反映经济业务的真实性、正确性和完整性所进行的审计。其审计对象主要是会计账簿，包括总账、明细账、日记账等各类账簿，以及据以入账的原始凭证和记账凭证。这些账簿和凭证是会计核算的基础，也是审计工作的主要依据。

一、会计账簿审计的内容

会计账簿审计的主要内容，作为确保单位财务信息真实、准确、完整的重要环节，涵盖多方面。

（一）账簿设置的合规性与合理性

首先，审计需关注会计账簿的设置是否合规，即是否符合《会计基础工作规范》及相关财务会计制度的规定。这包括账簿的种类、格式、编号等是否齐全、规范，以及能否全面、连续和科学地反映资金运动各方面的状况及成果。同时，还需考察账簿设置是否能满足编制会计报表和归口分级管理的要求，以及相关账簿及各级账目之间是否具有相互印证及统一的关系，确保账簿组织体系便于记账和查阅。

(二) 凭证的完整性与一致性

其次，审计需仔细审查据以入账的凭证是否整齐完备，确保原始凭证的完整性和真实性。在此基础上，进一步核对账簿有关内容与原始凭证的内容是否一致，以验证会计记录的真实性和准确性。此外，还需关注账户的运用是否恰当，确保会计科目使用正确，避免串户、错户等现象的发生。

(三) 货币收支与账务处理的规范性

货币收支作为单位经营活动的关键环节，其金额的准确性和合理性是审计的重要内容之一。审计需关注货币收支金额有无不正常现象，如大额异常交易、频繁的资金往来等，以揭示潜在的舞弊或经营风险。同时，还需审查账务处理工作是否符合规定的技术要求，如记账是否及时、摘要是否清楚、余额结算是否正确、账簿是否连续使用登记、是否按规定的时间结账等。这些要求旨在确保会计记录的准确性和完整性，为单位的经营管理提供可靠的财务信息。

(四) 记账与结账的规范性

记账与结账是会计账簿审计中的重要环节。审计需关注记账工作的规范性，包括是否有专人负责记账工作，是否严格实行账款、账物分管及各级账分工平行登记的原则。同时，还需审查结账工作是否按期进行，是否制定了经常核对账实、账证、账账、账表相符情况的制度并得到严格遵守。这些措施有助于确保会计记录的准确性和时效性，为单位的决策提供有力的支持。

(五) 会计舞弊的识别与防范

在会计账簿审计过程中，还需关注可能存在的会计舞弊行为。审计人员需通过审阅、核对、查询等多种方法，识别并揭露会计账簿中的舞弊行为，如涂改、销毁、遗失、毁损账簿以掩饰欺诈行为；抵销科目以隐瞒真实经济状况；挂账、改账、虚账以混淆业务往来等。通过揭示和纠正这些舞弊行为，可以维护财经纪律和公共利益，保障单位的健康发展。

综上所述，这些内容的综合审查和监督，有助于确保单位财务信息的真实、准确和完整，为单位的经营管理提供有力的支持。

二、会计账簿审计的程序

会计账簿审计的程序是一个系统而复杂的过程，旨在确保会计账簿记录的真实性、准确性和完整性。

(一) 审计准备阶段

在审计开始之前，审计人员需要进行充分的准备工作。这包括以下几个阶段。

第一，了解被审计单位。深入了解被审计单位的经营情况、财务状况、内部控制环境等，为后续的审计工作奠定基础。

第二，制订审计计划。根据被审计单位的特点和审计目标，制订详细的审计计划，明确审计范围、审计重点、审计方法和审计时间表等。

第三，组建审计团队。根据审计项目的复杂性和工作量，组建由具有专业知识和经验的审计人员组成的审计团队。

(二) 审计实施阶段

审计实施阶段是审计工作的核心，主要包括以下几个步骤：

第一，审阅账簿组织及其记录。审计人员首先会审阅会计账簿的组织结构，包括账簿的种类、格式、编号等，以确认其是否符合会计准则和相关法规的要求。同时，会详细审阅账簿中的各项记录，关注其完整性和一致性。

第二，核对账实相符性。运用平衡原理和账簿内控制约关系，审计人员会核对账簿记录与实物资产、银行存款等是否相符。这包括进行盘点、函证等程序，以验证账簿记录的真实性。

第三，审查过账的正确性。审计人员会以审查合格的凭证为依据，查明转记于账簿中每笔记录的真实性、正确性和合法性。这要求审计人员具备扎实的会计知识和丰富的审计经验，以便准确判断凭证和账簿记录之间的关联性和一致性。

第四，检查内部控制的有效性。审计人员会评估被审计单位的内部控制制度是否健全和有效，包括是否制定了合理的会计政策和核算方法、是否建立了有效的内部监督机制等。通过测试内部控制的各个环节，审计人员可以揭示潜在的漏洞和风险点，为提出改进建议提供依据。

第五，运用其他审计方法。除了上述方法外，审计人员还会根据审计需要运用其他审计方法，如样本抽查法、重新计算法、分析性复核法等。这些方法有助于审计人员更加全面、深入地了解被审计单位的财务状况和经营成果。

(三) 审计报告阶段

在审计实施阶段结束后，审计人员会整理审计证据和审计工作底稿，撰写审计报告。审计报告是审计工作的最终成果，主要包括以下几个部分。

第一，审计意见。审计人员会根据审计结果发表审计意见，对被审计单位的财务报表是否真实、准确、完整以及是否遵循了会计准则和相关法规的要求等事项做出评价。

第二，审计发现。审计报告中会详细列出审计过程中发现的问题和漏洞，包括违反会计准则和法规的行为、内部控制的缺陷等。

针对审计发现的问题和漏洞，审计人员会提出具体的改进建议，帮助被审计单位完善内部控制、提高财务管理水平。

会计账簿审计需要审计人员具备扎实的专业知识和丰富的实践经验。通过严格的审计程序和专业的审计方法，可以确保会计账簿记录的真实性、准确性和完整性。

三、会计账簿审计的实际案例

以某县财政局会计贪污公款案为例，该案件充分展示了会计账簿审计在揭露舞弊行为、维护财经纪律方面的重要作用。

在该案例中，审计局在对 B 县财政局进行审计时，发现国资股原会计郭某某利用职务便利，通过虚构拨款用途、制作虚假的预算拨款凭证和银行对账单等手段，骗取公款合计 1349.996 万元。审计人员通过细致入微的审计程序，逐步揭露了郭某某的舞弊行为。他们首先核对银行账户余额与账面余额的差异，发现存在巨大差异后，进一步追查会计凭证和银行对账单等原始资料。通过一系列缜密迅速的内查外调，最终确认了郭某某的贪污事实。

这个案例表明，会计账簿审计在揭露舞弊行为方面具有不可替代的作用。审计人员通过严格的审计程序和专业的审计技能，能够发现并纠正会计记录中的错误和舞弊行为，维护财经纪律和公共利益。

综上所述，会计账簿审计是审计工作中不可或缺的一环。它通过对会计账簿的审查和分析，能够揭示经济业务的真实性、正确性和完整性。同时，会计账簿审计也是维护财经纪律、防范舞弊行为的重要手段。因此，我们应该高度重视会计账簿审计工作，加强审计人员的专业培训和技能提升，提升审计工作的质量和效率。

第四节　库存现金审计

一、库存现金审计的目的

库存现金审计作为组织财务审计的重要组成部分，其重要性不言而喻。现金作为流动性最强的资产，直接关系到组织的日常运营、资金流转以及财务稳健性。因此，库存现金审计的主要目的在于：

验证现金余额的真实性：通过审计，确认组织账面现金余额与实际库存现金的一致性，防止现金的挪用、贪污等舞弊行为。

评估现金管理的合规性：检查组织现金管理制度的建立健全及执行情况，确保现金的收支、保管、盘点等各个环节均符合相关法规和组织内部规定。

提升资金使用效率：通过审计发现现金管理中的问题和不足，提出改进建议，帮助组织优化资金配置，提高资金使用效率。

二、库存现金审计的内容

库存现金审计的主要内容，作为确保组织财务健康与资金安全的关键环节，涵盖多方面，旨在全面评估组织现金管理的有效性、合规性及真实性。审计过程需细致入微，主要包括以下几个紧密相连、不可分割的方面：

第一，现金盘点是库存现金审计的基石。审计人员需要亲自监督或参与组织进行的现金盘点工作，确保盘点过程的公正性、准确性及全面性。这要求审计人员不仅要在场见证盘点，还需核实盘点结果，确保账实相符，无遗漏或虚假记录。通过现金盘点，审计人员能够直接掌握所在单位现金的实有数额，为后续的审计工作提供基础数据。

第二，现金管理制度的审查是审计工作的重要组成部分。审计人员需深入剖析单位现金管理的各项规章制度，包括但不限于现金收支审批流程、现金保管措施、现金盘点制度以及现金预算管理等。这一过程中，审计人员将评估这些制度是否健全、是否得到有效执行，以及是否存在潜在的漏洞或风险点。通过制度审查，审计人员能够全面了解单位现金管理的内部控制环境，为后续的风险评估提供重要依据。

第三，现金交易的审查是库存现金审计的关键环节。审计人员需对单位的每一笔现金交易进行细致入微的审查，核实交易的真实性、合法性及合规性。这包括检查现金收入的来源是否合法合规、现金支出的用途是否正当合理、现金交易的凭证是否完整齐全等。通过交易审查，审计人员能够揭示单位现金交易中的违规行为或不当操作，为单位防范资金风险提供有力支持。

第四，现金账户的对账也是库存现金审计不可或缺的一部分。审计人员需将单位的现金账户与银行账户进行逐一核对，确保两者之间的余额一致。在对账过程中，审计人员需特别关注未达账项的处理情况，分析其原因并评估其对单位财务状况的影响。通过对账工作，审计人员能够及时发现并解决企业现金管理中的差错或遗漏，确保单位财务数据的准确性和可靠性。

第五，风险评估与改进建议是库存现金审计的终极目标。在完成上述各项审计工作的基础上，审计人员需综合评估单位现金管理的风险水平，指出存在的问题和不足，并提出针对性的改进建议。这些建议将涵盖现金管理制度的完善、内部控制的加强、现金交易流程的优化等多方面，旨在帮助单位提升现金管理的效率和效果，降低资金风险。

综上所述，库存现金审计的主要内容包括现金盘点、现金管理制度审查、现金交易审查、现金账户对账以及风险评估与改进建议等多方面。这些方面相互关联、相互促进，共同构成了库存现金审计的完整框架。通过深入细致的审计工作，审计人员能够全面揭示单位现金管理中的问题和风险，为单位财务健康与资金安全提供有力保障。

三、库存现金审计的方法与技巧

库存现金审计的方法多种多样，审计人员应根据实际情况灵活运用以下方法与技巧。

第一，观察法。审计人员可通过观察单位的现金存放环境、保险柜的密码加锁情况、出纳人员的工作状态等，初步判断单位现金管理的规范性和安全性。

第二，询问法。通过向出纳人员、会计主管等相关人员询问现金管理情况、现金收支流程等，了解单位现金管理的实际情况和存在的问题。询问时应注意引导被询问者如实回答问题，避免误导或遗漏重要信息。

第三，分析性复核。运用分析性复核方法，对单位的现金收支情况、现金流量变动等进行趋势分析、比率分析等，以发现异常波动和潜在问题。例如，通过比较不同时期的现金收入增长率、现金支出占比等指标，评估单位现金管理的效率和质量。

第四，重新执行。对于关键的现金管理环节和流程，审计人员可重新执行相关操作或程序，以验证其真实性和有效性。例如，重新核对现金收支凭证的完整性和合规性；重新计算现金余额的准确性等。

第五，利用计算机辅助审计技术。随着信息技术的发展，计算机辅助审计技术已成为现代审计的重要工具。审计人员可利用审计软件等工具对单位的库存现金审计作为确保单位财务稳健和资金安全的重要环节，其方法和技巧不仅要求审计人员具备扎实的专业知识，还需灵活运用多种手段来发现和解决问题。

库存现金审计是一项复杂而细致的工作，要求审计人员具备扎实的专业知识、丰富的实践经验和敏锐的洞察力。通过综合运用实地盘点、内部控制评价、凭证审查、数据分析与比较、函证以及关注特殊事项等多种方法和技巧，审计人员可以全面、深入地了解单位现金管理的实际情况和存在的问题，为单位的财务稳健和资金安全提供有力保障。

第九章 审计实务——以医院为例

第一节 医院审计对象

一、医院审计对象的内容

（一）全范围审计

为了凸现审计的地位与作用，在审计过程中，运用整体思维方式，对审计对象做到应审尽审，"全面覆盖、突出重点"。按照《中华人民共和国审计法》《卫生计生系统内部审计工作规定》《审计署关于内部审计工作的规定》中的相关法律法规，以医院工作为中心，结合医院内部审计的实际工作，不仅要对医院的经营管理业务内容进行全面审计，包括医院收支情况、资产负债情况、物资采购情况、工程项目建设管理情况、内部控制健全性和有效性，还要重点审查财政补助资金和科研经费的使用情况、经济合同签订，以及社会公众所关注的热点和上级主管部门要求的难点，实行医院审计的全范围覆盖，做到所有的"事、物、人"都全部纳入审计范围，从而全面发挥审计的监督和服务基本职能，为医院的重大决策提供依据。例如，在设备采购方面可以实行全过程审计，因为医院医疗设备的采购审计具有专业性强、数额大、专有性强等特点，所以通过在设备采购的事前、事中和事后进行审计，使得审计人员可以及时了解合同标的物的需求规则、实际的使用年限、实时的市场供应需求关系、供货周期等，并提出合理的审计意见，使得医院的合同管理更加规范合理、更具经济效益。

随着医疗技术的不断发展、医院投入的不断增加，经营规模的不断扩大，医院的经营业务也日趋复杂，医院审计的范围也要与时俱进，逐步扩展深化，坚决做到医院的业务开展到哪里，医院的审计就延伸到哪里，把所有有关的医院经营管理业务都"装进审计制度的笼子"。此外，不同的审计项目涉及不同的内容，也给审计工作提出不同的要求，在全范围审计过程中，医院审计人员结构应该逐步由单一的财务会计人员向财务、经济、工程、机械、法律等专业技术人员为主的结构转变。既要熟悉医院的财务管理制度及相关法律法规，还要熟悉医院的各种业务，这样才能保证医院审计实行全方位、全范围的监督检查，最大限度地发挥审计的作用，确保审计工作的质量。

（二）全流程审计

全流程审计是一种对工作流程以及质量的客观评价方式，强调从审计计划出发，直到审计结束"全过程"覆盖，优化了服务流程，强化了审计效果，化解了"审而不计"的困境。新医改、新思路、新管理也带来了新的审计，尤其是内部控制理论与实践的发展为审计活动带来了新的理念和思路。从医院内部控制体系出发，基于内部控制流程的视角，将医院的运营和管理流程、全环节审计、审计职能，由"监督审计"向"服务审计"角色转型，确保医院健康地"走好每一步"。

按照审计的步骤，全流程审计大致可以分为三个模块，即事前审计、事中审计和事后审计，实现审计过程的全覆盖，同时保障了审计效果。在事前审计阶段，首先要做好审计计划，明确审计内容及其审计重点；其次要做好人员的安排与调配，协调衔接好不同部门之间的工作，防止审计遗漏或重复；最后要准备好审计的相关信息资料，包括纸质、电子报表档案等。在事中审计阶段，进入审计项目实施中，要充分保障各个审计环节的正常进行，严格落实审计计划和审计的规章制度，保证审计质量。在事后审计阶段，也就是最关键的审计监督和整改阶段，要确保审计档案的完整性和系统性，审计结论的合理性和正确性，整改措施的针对性和有效性，在此基础上，要建立审计结果公示制度和上报机制，充分保障审计的监督执行力，并以此为依据调整和完善医院经营管理的方向和模式。

（三）信息化审计

当前，信息技术革命日新月异，互联网技术以前所未有的速度蓬勃发展，在各方面影响着人们的日常生活理念和模式。我国正在从网络大国向网络强国快速迈进。2015开始，"互联网＋"新经济形态如火如荼。何谓"互联网＋"，就是在云计算、大数据、互联网等科技手段发展的背景下，与市场、用户、产品、技术、企业价值链乃至整个商业生态进行深度融合、重组和创新的过程。"互联网＋"有六大特征，分别是跨界融合、创新驱动、重塑结构、尊重人性、开放生态和连接一切，互联网技术的快速发展开始影响到各行各业，也快速推动着卫生计生行业的发展。近年来，各级医疗机构借助"互联网＋"开展服务，拓展线上医疗服务空间，充分发挥了互联网医院、互联网诊疗的独特优势。同时，国家发展改革委、中央网信办联合印发的《关于推进"上云用数赋智"行动培育新经济发展实施方案》的通知，提出以国家数字经济创新发展试验区为载体，在卫生健康领域探索互联网医疗医保首诊制和预约分诊制，开展互联网的医保结算、支付标准、药品网售、分级诊疗、远程会诊、多点执业、家庭医生、线上生态圈接诊等改革试点、实践探索和应用推广，进一步推动互联网医疗发展进程。在2021年全国两会的政府工作报告中也再次提出了促进"互联网＋医疗健康"规范发展，并从医到药、由表及里介绍了卫生健康体系建设的重要内容。在大数据、互联网经济时代，任何工作的开展都离不开信息系统的辅助。在此背景下，医院的经营和管理将会越来越多地利用"互联网＋"的技术，完善基础医疗服务体系，扩展医疗业务范围，创新医疗经营体系，在提升医疗服务能力和效率的同时，这也给医院的审计工作带来了巨大挑战，如何利用"互联网＋"的信息化技术和手段，扩展审计范围，以整体、协同审计的方式来提升医院审计工作的效率和质量，确保审计结果的公允性和准确性，将是未来医院审计必须重视的课题。

信息化技术的发展为整体性审计的实现提供了有力支撑。新《医院会计制度》实施后，医院面临庞大的信息处理任务、精细化的成本核算要求，这些都需要借助强大的信息管理系统作为支撑。在信息化审计中，审计工作者利用"互联网＋"、大数据工具进行审计信息的收集与分析，在缩减前期工作量的同时，还能运用多种技术手段来挖掘并整合原始数据，科学计算和处理这些"审计信息"，从而大大提升了审计效率和准确性。例如，利用大数据审计，采集医院数据库中的门诊病人信息、住院病人清单，对照药品收费计价、医疗收费项目政策标准进行抽查审计，充分利用计算机进行汇总，发挥计算机审计的特长，从而提高审计效率。同时，还可以利用"互联网＋"平台达到信息联网和共享，实现医院内部审计和外部审计的无缝对接，创新医院审计模式。

　　当然，在信息化审计探索与应用中，也需要相应的支撑环节同步变革发展，以更好地推动信息化技术在医院审计中的应用，实现信息的共享共用。第一，医院信息系统涉及的业务流程模块是否有必要的控制政策和程序，是否符合《医院信息系统基本功能规范》，并满足医院信息管理和临床工作的需要。第二，相应的财务管理、内部控制、会计信息化、会计基础工作、会计档案管理办法等需要进行规范。第三，规范数据共享的标准化口径，降低财会信息生产成本和内外部数据交换成本，提高信息共享效率，例如，医院信息系统（HIS）、电子病历系统（EMR）、医学影像信息系统（PACS）、实验室信息系统（LIS）、医院综合运营管理系统（HRP）、协同办公系统（OA）等不同信息系统数据的规范与共享，同时，还需要促进完善与其他医疗卫生行政部门和医保部门实现资源共享，形成区域卫生信息系统衔接的信息化网络，以实现统一规划、整合医疗资源的目的。第四，完善医院信息内部规范，对医院各部门通过计算机网络查询医院信息的权限实行分级管理，保障网络和数据库安全，保护个人信息，防范数据被截取、篡改、损坏、丢失和泄露等风险，另外，完善医院信息系统中各子系统的预警功能，科学设置其关联性，保证数据修改权限设置严谨，并通过人员交叉复核或数据稽核方式规避和识别操作风险。第五，任何信息技术的应用离不开人，不仅要提高医院财务管理人员素质，还要提高审计人员的专业技术能力，适应时代发展需要。

二、医院审计对象分项

　　根据医院业务的专业性和特殊性，在审计全覆盖的理念下，医院审计对象主要分为财务会计、前期立项、经济合同、预算管理、决算管理、经济效益以及经济责任审计。

(一) 财务会计审计

财务会计审计当前是医院审计的核心工作内容。该项工作主要是审计医院在财务活动进行过程中是否合法合规。

1. 货币资金审计

医院货币资金是医院流动资金的一部分，它是医院资产中最活跃的部分，在医院运营中，货币资金不断地转为非货币资金，非货币资金又转化为货币资金，在周而复始、贯穿始终的过程中，完成医院的经营管理目标。由此可以看出，货币资金的安全保障和合理有效使用对医院的医疗服务活动能否顺利开展起着关键性的作用。在货币资金审计中，不仅要对库存现金、银行存款、零余额账户用款额度以及其他货币资金进行核算审计，还需要对医院货币资金的内部控制情况、符合法律法规以及医院规章制度情况等方面进行审查。

2. 应收款项审计

应收款项是医院在医疗服务活动过程中，因经济往来发生的各种债权性资产，由于各种原因，容易发生错误和弊端，使得资金不能收回，造成坏账损失。应收账款的审计，对于医院加强债权管理，安全地、有计划地使用资金，严格执行财务预算制度等方面具有重要意义。应收款项审计内容一般包括：应收在院病人医疗款、应收医疗款、其他应付款、坏账准备、预付款和财政应返还额度等。在具体的审计中，要审查医院有关的内部控制制度是否存在及执行情况、是否完整地记录（包括记录内容、记录时间、记录金额是否正确等）。

3. 医院存货审计

医院存货是医院为开展正常的医疗服务活动及辅助活动而存储的物品，包括药品、卫生材料、低值易耗品、其他材料和在加工物资（包括自制和委托加工）对于医院存货审计主要包括以下几个方面的内容：结合医院风险管理，进一步了解药品、卫生材料采购供应的外部环境；审查评价有关存货的内控制度，是否规范、可行、安全和有效；审查存货资料的完备性和一致性。

4. 对外投资审计

医院的对外投资是医院以货币资金购买国家债券或以实物无形资产开展的投资活动。医院对外投资审计是对投资项目的真实性、合法性和效益性进行的监督和评价，是促进医院完善投资管理体制、提高投资效益、促进国有资产保值增值的重要手段。在医院对外投资审计中，要重点审查对外投资的范围是否符合相关政策和规章制度、投资的对象是否进行了充分的论证、投资收益的管理是否合理合法等。

5. 固定资产审计

固定资产审计主要对固定资产的立项预算制度、采购管理、使用保管验收制度以及相关的固定资产登记账簿资料进行审计，具体包括固定资产的数量、金额、使用率、收益率以及折旧率等指标。

6. 无形资产审计

医院的无形资产包括专利权、著作权、商标权、土地使用权和非专利技术。主要审查无形资产的合法有效情况、估值情况、无形资产明细表的编制情况等。

7. 医院待摊费用、长期待摊费用审计

待摊费用是医院已经支出但受益期、分摊期在一年之内（含一年）的各项费用，如预付保险费、预付租金等。长期待摊费用是医院已经发生，但应有本期以后各期负担的，分摊期限在一年以上（不含一年）的各项经费，如经营租赁方式租入的固定资产发生的改良支出。对于医院待摊费用、长期待摊费用的审计，主要审查其相关费用的客观性、合法性、可靠性、一致性以及相应程序的规范性。

8. 借款审计

医院借款有短期借款和长期借款，对于医院借款的审计，可以从借款明细表、借款借据、合同数据、借款程序、借款利息及偿还方式等方面进行审计。

9. 应缴款项和应交税费审计

医院应缴款项是指医院按规定缴入国库或应上缴行政主管部门的款项。医院应交税费是指医院在一定时期，除提供医疗服务等免税项目外，取得的其他收入实现收益或特定经营的应税行为，应按规定向国家交纳的各种税金，以及代收代扣、代收代缴的各种税费。主要审查应缴款项和应交税费是否符合相关的政策和制度、金额计算是否准确、相关报表是否一致、入账项目是否齐全等。

10. 应付款项审计

应付款项包括应付账款、应付票据、其他应付款和长期应付款。对于应付款项的审计主要包括评价应付款项的内部控制情况和核实相关款项报表两个方面的内容。

11. 应付职工薪酬、应付福利费、应付社会保障费审计

应付职工薪酬、应付福利费、应付社会保障费审计时，应以应付职工薪酬为基础，确保其数据的正确性，从而保证应付福利费、应付社会保障费的准确性。主要的具体做法是从核对薪酬明细表、核实员工数量及工资发放方式和标准、检查应付福利费、应付社会保障费计提基数和比例，以及合法合规性审查等方面进行审计。

12. 预收医疗款、预提款项审计

检查预收医疗款和预提费用明细表、核实相关的记账凭证及相关文件和资料、审查相关的依据等。

13. 净资产审计

净资产是指医院资产减去负债后的余额，包括事业基金、专用基金、待冲基金、财政补助结转（余）、科教项目结转（余）和弥补亏损的本期盈余（分配）等。关于净资产的审计，主要包括对相关明细表的核实（入账情况是否齐全、是否符合国家的相关制度政策等）。

(二) 医院财务报表审计

医院财务会计报表是医院财务报告的主体，是医院会计核算的结晶，同时也是医院向外传递会计信息的唯一载体。它反映了医院某一时点的财务状况、某一时期的经营成果、现金收支情况。在目前医院财会管理制度下，财务报表相当于医院财务的"内容摘要"，因此，在医院审计中，对于财务报表的审计是"排头兵"，更是"总司令"，能起到纲举目张的效能。通过医

院财务报表的审计，可以基本了解医院整体的财务状况、经营成果、现金流量的情况；同时还可以透过现象看本质，了解医院财务会计工作运行的优劣程度、管理经营理念以及医院的发展战略和内部控制情况等。医院财务报表的审计一般包括：财务报表形式上是否与医院会计制度规定的会计报表格式一致；内容上是否按会计制度规定编制、是否完整，会计项目是否前后保持一致；医院是否定期及时地向主管部门和财政部门报送财务报告，程序是否合理、签字盖章是否完善；会计列表信息是否正确，是否存在篡改和错误的情况。

1. 前期立项审计

在项目前期立项前，对其可行性进行分析论证，在项目过程中及时评价立项是否科学、论证是否充分、招标程序是否严谨合规、工程设备验收是否合格等，为医院的各项经济活动监督把关，保障经济活动健康进行。

2. 经济合同审计

在审计实践中，经济合同审计是仅次于传统财务收支审计的内容。主要从经济合同的效益性、合法性、公平性、操作性等方面进行监督审计，及时为医院管理层提供参考意见，有效减小和规避风险。

3. 预算管理审计

预算制度是医院推行全面预算管理的准则，只有严格地执行预算制度，医院的经济运行才能得到保证，质量才会不断提高，运行程序才会有章可循、有规可依。在具体的预算执行审计中，首先要了解预算的各个环节是否完整、预算的内容是否符合预算法和医院财务制度的相关规定；其次要根据了解情况做出记录和描述，实施符合性测试；最后通过符合性测试结果，发现制度中的薄弱环节，证实预算制度的设计和执行效果。

4. 决算管理审计

决算管理审计通常分为财务决算审计和项目决算审计。财务决算审计是指对医院的财务部门报送的资产负债表、损益表、现金流量表等主表及相关附表等资料进行审查核对，检验其反映的会计信息的真实性和准确性，体现了医院资产、负债、所有者权益的增减变化，医院收入水平的高低，偿债能力的大小，变现能力的强弱等。项目决算审计，首先需要了解项目建设的基本情况，关注项目的首次资金支出时间及数量；其次要收集项目建设过程中的各项支出费用；最后要掌握工程项目交付使用的账务处理工作，确保决算审计的科学合理性。

5.经济效益审计

对医院经营过程中的经济事项、投资事项或某一专项资金的使用情况进行可行性、效益性分析，通过分析进行风险评估和效益性预测，从而为实现医院经营目标提供决策建议。

(三) 经济责任审计

对医院主要领导干部、内部科室和部门的负责人开展经济责任审计，通过经济责任审计可以合理评价工作绩效，提高领导干部民主决策、科学决策和依法决策的能力和水平，加强权力制约，预防腐败。

三、审计对象范围分类

(一) 日常审计范围

日常审计是一种经常性的、连续性的审计。它突出"摸清家底"，发现不足，进而揭露问题，促进单位自身完善制度，加强管理，具有很强的微观性和具体针对性。医院的日常审计范围主要包括财务审计和经营审计。对于财务审计范围，主要是对医院的财务收支、经营成果、资金运用、内容报表、财产物资、成本费用、债权债务、经营损益等项目进行全面审计，对有关经济活动的真实性、合法性进行监督和评价，以确保医院资产完整、财务信息真实、收支合理合法；对于医院经营审计范围，主要是对医院的业务经营及其有关活动的经济性、效率性和效果性进行监督和评价，以便改善医院管理、提升医疗服务水平和效率、实现医院的经营目标。为了达到日常审计目标，在医院内部审计中，订立审计制度、落实审计责任、建立审计档案显得尤为重要。

(二) 专项审计范围

专项审计是针对某一特定目标或某项业务而进行的专门审计，一般是以定期或非定期的形式进行的。例如，医院基建工程投资、零星工程维修、大型或特种设备的购置、药品采购、财政专项资金、科研经费的使用、外包服务、重大经济合同等。从发挥医院审计监督的角度来看，专项审计能有效地扩大审计监督范围，更有利于"全面审计、突出重点"。专项审计范围主要包括以下几个方面：

第一，医院基建工程投资、零星工程项目审计。基建工程项目审计（以下简称"工程项目、工程审计"）是指审计机构和审计人员根据国家、地方相关规定和基建工程技术经济标准和管理规范，对基建工程项目全过程技术经济活动的真实性、合法性、效益性进行监督评价，并在此基础上发表审计意见，有效控制建筑成本，保障资金安全，强化质量控制，合理确定工程造价，促进工程项目管理和廉政建设，提高投资效益，维护各方的合法权益。

医院零星工程项目主要是指单项工程价值在一定限额以内的小型建设项目或对原有建造物及其相关基础工程的配套附属工程进行的更新、改造、修缮等活动，也是医院建设和管理中不可或缺的重要组成部分，常见的是医院零星维修（修缮）工程项目。

第二，财政专项资金专项审计。重点对预算安排的"三公经费"、规范化培训经费进行审计。通过查阅有无项目经费设置专项核算、对比年度预算有无超预算外使用的专项经费，重点关注专项资金安排中专项不专和使用绩效问题；查阅相关支出明细，揭露有无挤占、挪用专项资金用于"三公经费"及会议费、培训经费支出，规避预算监管等经费使用管理问题。

第三，科研经费专项审计。随着国家对医疗发展的越来越重视，投入和支持的科研经费越来越多，为充分保障科研经费的合理有效利用、防治科研经费腐败问题，开展科研经费专项审计。从科研项目的基本情况、制度执行情况、科研经费的预算支出管理情况、课题结题管理情况等方面进行审计评价。

第四，经济合同专项审计。经济合同审计是对医院各项经济合同的形成、效用、执行结果的审核、稽查。经济合同审计是有利于医院合理规避合同风险，避免经济损失，提高经济管理能力最有效的手段；同时，也是医院内部审计部门在实践中逐渐将事后监督转为事前预防、事中控制，切实推进内部审计工作全面转型与发展的重要体现，特别是重大项目的经济合同。还有针对目前"重招投标、轻合同执行"、医药卫生耗材费用增长过快的情况，开展物资采购等经济合同执行情况审计。

第五，外包服务专项审计。医院在逐步将自身的后勤服务内容以业务外包的形式予以优化。通过将后勤业务外包具备相应资质的第三方服务商，医院可以解决后勤业务人手不足、设备缺失、管理困难等问题。关注医院外包服务的审计，有利于对医院开展的外包服务做出客观评价，如有发现问题，也能及早提出合理建议，协助医院外包管理部门降低费用，加强对外包公司的监督管理，为加强医院的经济管理提供帮助。

第六，采购管理专项审计。医院的采购管理是医院管理的重要组成部分，采购过程应当严谨，采购部门与相关职能部门需要发挥出积极作用。近年来，与医院采购相关的腐败案件高发，招标采购内控体系不健全、不完善是导致此类犯罪的主要原因，不仅影响医院的形象，而且阻碍医院的正常发展。医院物资采购审计属于医院财务核算的重要部分，通过审计有效规范医院招标采购行为，控制医院经营的风险，提高采购资金的使用效益，促进医院加强经济管理，提高医院的整体经济效益。

总体上，开展这些专项审计，必须具有全局观念，善于把握审计整体目标，更好地提升审计工作的效果与水平。

第二节　医院审计流程管理

加强医院审计流程管理对提高医院审计效率和风险管理，提升医院管理质量，完善医院服务能力和水平有着重要意义。

一、目标与计划

(一) 审计目标

审计目标是审计人员进行审计工作所期望达到的结果，是审计活动的指南，审计证据的收集和审计程序的执行取决于特定审计目标。审计目标的制定可以说是审计的起点，因此，审计目标的定位相当关键。

内部审计的总体目标是审查和评价本部门、本单位的财务收支及其有关经济活动的真实性、合法性和有效性。外部审计的总体目标是审查和评价被审计单位财政、财务收支的真实性、合法性和效益性。通过审计意见的提出，发现医院管理存在的问题，强化内部控制管理，促进医院健康和谐发展。因此，医院审计要积极引进先进的审计技术和方法，制订审计计划，强化流程管理，提高审计结果的准确性和科学性，为医院领导提供更加可靠的信息，有助于医院审计目标的实现。

（二）审计计划

审计计划是指审计人员在顺利开展审计工作，完成各项审计业务，达到预期的审计目标而编制的工作计划。审计计划是否合理，是保证医院审计质量和效率的前提。审计计划的制订就是给审计人员指明了审计方向，确定了审计工作的范围和流程，已达到具体的审计目标。审计计划具体包含以下几个要素。

1. 审计范围

审计人员要根据审计目标、国家相关的法律法规、医疗卫生行业制度要求以及医院内部控制制度，确定审计范围。审计范围通常包括日常审计范围和专项审计范围，两者各有侧重点，有时独立进行，有时交叉进行，审计的内容都是围绕医院的经营与管理各个环节来开展。

2. 审计方向

审计计划的制订要根据审计的重要性影响因素以及医疗行业的特殊性，确定正确的、适用的审计工作方向。包括财务风险评估、重要性评估，可能存在重大舞弊风险领域和环节的识别，评价医院管理的有效性，同时注意外部环境的变化对医院审计的影响等。

3. 审计时间

审计计划制订中的一项重要内容就是时间的计划和安排，包括审计工作的实施步骤时间、提交审计报告的时间以及重要事件和情况的沟通时间等。

二、内部审计与外部审计

目前，我国医院的审计现状是以内部审计为主，定期或不定期接受政府审计，内部审计的主要目标是监督和评价医院的经营活动与内部控制，及时发现问题并提出意见，有效杜绝问题的发生，促进医院总体目标的实现。外部审计与内部审计的总体目标是一致的，都属于医院审计监督体系的有机组成。其主要目标是对医院的财政财务活动、执行财经法规法纪情况以及经济效益性进行审计监督。内部审计和外部审计，各司其职，相互联系、相互补充，构成了医院审计的"双子星"。

（一）医院内部审计

1. 医院内部审计机构的职责

①对医院内部及所属单位的财政收支、财务收支及其有关的经济活动进行审计；②对医院内部及所属单位预算内、预算外资金的管理和使用情况进行审计；③对医院内设机构及所属单位负责人员的任期经济责任进行审计；④对医院内部及所属单位固定资产投资项目进行审计；⑤对医院内部及所属单位内部控制制度的健全性、有效性及风险管理进行评审；⑥对医院内部及所属单位经济管理和效益情况进行审计；⑦法律、法规规定和医院主要负责人或者权力机构要求办理的其他审计事项。

2. 医院内部审计机构的权限

①检查凭证、账表、决算资料、资金、财产，查明有关的文件、资料；②参加医院有关会议，召开与审计事项相关的会议；③参与研究制定有关的规章制度，提出内部审计规章制度，由医院审定公布后施行；④检查有关生产、经营和财务活动的资料、文件和现场勘查实物；⑤检查有关的计算机系统及其电子数据和资料；⑥对审计事项有关的问题，向有关单位和个人进行调查，并取得证明材料；⑦对正在进行的严重违法违规、严重损失浪费行为，做出临时制止决定；⑧对可能转移、隐匿、篡改、毁弃会计凭证、会计账簿、财务报表，以及与经济活动有关的资料，经医院主要负责人或者权力机构批准，有权予以暂时封存；⑨提出纠正、处理违法违规行为的意见以及改进经济管理、提高经济效益的建议；⑩对违法违规和造成损失浪费的单位

和人员，给予通报批评或者提出追究责任的建议。

总之，充分理解医院经营与管理的特殊性，围绕医院的中心任务，有针对性地开展内部审计工作。坚持以风险为导向、以控制为主线、以治理为重点、以绩效审计为手段、以效益增值为目标，转变内部审计的职能，由检查系统向风险控制系统转轨，实现内部审计的转型升级。同时，在转型升级的过程中要努力做到从注重审计监督到开展审计服务转变；从关注审计查处向提出审计建议转变；从封闭审计向开放审计、增强审计互动效果转变；从注重结果审计到过程审计的重心转变；从传统财务审计向现代风险审计转变。真正发挥医院内部审计防范风险、提升效能、增强服务的功能，真正实现内部审计由"救火员"到"守门员"身份的转变，这才是医院内部审计的终极任务。

(二) 外部审计

1. 外部审计的内涵

国家审计和社会审计都属于外部审计的范畴，国家审计的审计主体是国家 (政府) 审计机关，而社会审计的主体是审计事务所或会计师事务所。同时，相对于内部审计，外部审计在独立性、权威性和公正性等方面具有天然的优势，能够为外部审计机构提供较高质量的审计服务提供强有力的保证。通过对医院的财务活动、经济效益进行鉴证，还对医院开展的基建维修、信息工程项目、管理制度流程提供审计服务，为医院管理提供有效帮助。

2. 外部审计的特点

由于医院内部审计机构和外部审计机构承担的职责不同，两者在独立性、强制性、权威性和公证作用等方面存在较大差异。对于内部审计机构，大多数是医院的内设机构，不能完全独立于医院法人的管理与领导，其审计结果的公正性、权威性或多或少会打折扣。而外部审计的审计人员与医院管理不存在行政上的隶属依附关系，他们只需要对国家、社会和法律负责，只需要对自己的职业信仰负责，所以有可能保证审计的独立性和公正性，其审计结果更具有信服力。尤其对于国家审计来说，宪法和审计法赋予其履行监督的职责，并从法律法规层面加以保障，具有特殊的法定性。

第一，外部审计具有较强的独立性和强制性。在审计独立性上，医院内部审计在组织、工作、经济方面都受到本单位的制约，其审计流程、审计结果的独立性可能会受到影响；外部审计在上述方面与被审计单位无直接关联，其审计具有较强的独立性。在审计监督上，内部审计是单位的自我监督，只对本单位负责，在某些时候本着"家丑不外扬"的自我保护心理不愿意将自身缺陷公之于众，有可能存在"大事化小、小事化了"的情况；而外部审计（主要是国家审计）属于定期或非定期的行政监督，发挥"旁观者"和"管理者"的效应，对国家权力部门或社会公众负责，具有强制性和严肃性。

第二，外部审计有助于提高审计质量。通过国家审计机构以及接受委托进行审计的独立执行业务会计师事务所进行外部审计，其执行能力、专业化程度和工作效率相对于内部审计有优势，利用科学、适用的审计程序和方法，大大提高审计的效率和质量。

第三，外部审计增强了医院审计报告的法律效力。内部审计只有审查处理权，内部审计报告只能作为本单位进行经营管理的参考，没有鉴证性的作用，也不对外公开发布；而外部审计（国家审计）代表国家利益，是代表国家组织和社会公众对医院经营活动及其管理进行鉴证和监督，除了涉及商业机密或其他不宜公开的内容外，审计结果要对外公示，让医院的经营和管理活动在"阳光下"进行，让医院领导的权力装进"制度的笼子"，同时也让社会公众信服。

三、审计工作质量控制管理·

审计质量是审计工作的生命，涉及审计的各项工作，贯穿于每个审计项目的全过程。所谓审计质量就是指审计工作过程及结论符合既定标准的程度，包括审计工作行为的质量和审计结果的质量。其中审计工作质量是基础，审计结论质量是审计工作质量集中表现和最终反映。如何控制审计工作质量，可以从事前、事中和事后对审计质量进行控制，三者相互联系、相互制约，共同构成一个完整的审计质量控制体系。对于医院审计来说，审计质量的重要性是由审计在社会经济生活中的重要作用所决定的，具有强烈的经济性、社会性和监督作用。只有提高审计工作质量，加强审计工作质量控制，将其贯穿于审计项目的整个审计活动过程中，包括准备、实施、预计后续审计阶段的全过程，以及整个审计实施过程中每个关键节点的控制，才能充分发挥其在"新医改、新时期"背景下的重要作用，同时也才能提高审计工作在医院管理和监督中的地位和声誉，才能为真正解决"老百姓看病贵、看病难"的问题保驾护航。

(一) 保证审计证据质量

审计证据是实现审计目标的基础。充分、适当的审计证据，是得出合理审计结论的基础。审计人员对审计单位的财务报表及其反映的经济活动所做的分析、判读和评价，不仅要依靠各种审计依据，还必须依靠一定的事实凭据，这些都来自审计证据。审计证据按照其外形特征可以分为实物证据、书面证据、口头证据和环境证据四大类。实物证据是指通过检查有形资产或实际观察所取得的，用以确定某些实物资料是否确实存在的证据。通过对库存现金、存货和固定资产的监督盘点，可以取得这些资产的实物证据，以证明其是否确实存在，实物证据并不能完全证实单位对这些资产的所有权。书面证据是各种以书面文档资料形式反映客观事实的一类证据，包括各种原始凭证、会议记录、会计账簿、各种明细表等书面记载的会计资料，以及与审计有关的会议记录、文件、合同、报告等。口头证据是指被审计单位的有关人员对审计人员提出的问题所作的口头答复所形成的证据。一般而言，口头证据本身不足以证明事情的真相，但能有利于发掘一些重要线索，以便进一步深入审计调查。环境证据是指那些被审计单位产生影响的各种环境事件，如内部控制当前的运行情况、管理人员的素质和管理水平等。

在医院审计中，只有与审计目标直接相关，为特定的审计目标服务，且被证实为真实的资料才能构成审计证据。也就是说审计证据与审计目标以及应证实的事项之间有一定的逻辑关系，并不是所有客观存在的资料都能成为审计证据。如何利用审计证据来保证和提升审计质量，首先就要保证审计证据的质量，即充分性和适当性。

第一，充分性。指审计证据的数量足以使得审计人员形成审计意见。从理论上说，为了能够得出准确的审计结论，审计证据的数量越多越好。但从具体实务来看，为了使得审计工作开展有效率，又必须考虑审计的时效和成本的约束。如何在保证审计结果的前提下，确定恰当的审计证据数量就需要从医院管理的水平、内部控制的有效程度和具体审计项目的重要程度，以及有可能的审计风险大小等几个方面来综合权衡和考量。在当前大数据、信息化时代，如何利用技术充分挖掘大数据中的审计线索作为传统审计证据的补充，也将是未来发展的一大趋势。

第二，适当性。指审计证据的相关性和可靠性，即审计证据在支持各类交易、账户余额、列报和披露的相关认定，或发现其中存在错报方面具有相关性和可靠性。也就是审计证据应与审计目标相关联且能如实反映客观事实。相关性越强，审计证据的质量就越好；审计证据越能客观、真实地反映被审计事项的实际情况，证据就越可靠，证据的质量就越好，证明力就越强。例如，对于实物证据不仅要核实数量，还要关注其质量；对于书面证据不仅要核对金额，更重要的是还要辨别真伪。总而言之，在医院审计中，控制审计证据质量对于达到审计目标、保证审计项目质量发挥着重要的作用。要实现审计目标，审计人员就必须依据审计方案确定的具体审计内容或事项收集证据，获取充分、合法、有效的审计证据是形成准确审计结论的基础和保证，是形成审计意见或建议的坚实支撑。

(二) 优化审计抽样方法

审计人员采用正确的审计方法，可以有效、及时地查清问题，取得充分、有效的审计证据，在此基础上正确选择最为有效的审计标准，以事实为依据，以标准为准绳，运用科学的分析、推理和判断方法，将与被审计事项相关的各个因素相互联系起来进行分解、综合和分析，以便得出客观、公正、准确的审计评价和决定。

影响审计抽样质量的因素主要有：①样本的代表性。由于审计抽样是通过审计样本，以样本特征来推断总体特征的，因此能否通过样本"以点带面、以面概全"，从而从样本审计结果准确推断总体特征以形成可靠的审计结论，在很大程度上取决于从庞大的审计总体中抽取的样本是否能够充分、有效地代表审计总体，样本的代表性越强，用样本审查结果推断审计总体的特征就越精确，抽样误差也就越小。②抽样误差。抽样误差是指根据样本特征所推断审计总体特征与审计总体实际情况之间的差异，而这种差异是由审计中采取的抽样方法所直接导致的，只要是实施抽样审查法，抽样误差就无法避免，只有通过采取合理的审计抽样方法来将误差控制在一定范围内，从而提高审计结论的准确性。③由样本审计结果对总体做出的推断。适量抽取样本、选择最有代表性的样本、充分地审查样本，在抽样审计中都是十分重要的。这些都只是为了推断审计总体特征准备的必备条件，由样本审计结果推断审计总体的特征，对审计抽样工作质量更有直接的影响，在这个过程中，审计人员要承担抽样风险，使得这一推断过程成为审计抽样质量控制的关键环节。④审计人员的素质。人是审计工作的执行者，审计抽样的方法再科学、可靠，都需要人来选择、执行和监督检查，因此，审计人员的素质即审计人员能否胜任审计抽样工作，能否发挥主观能动性、积极性和创造性，也会影响审计抽样工作的质量。

(三) 利用信息化技术

经济社会的高速发展带来了先进的信息化技术，同时也为审计质量和效率的提升提供了先进的信息化手段。一方面，在信息化快速发展的背景下，可以运用多样化的信息技术审计手段来提高审计质量和效率。对于海量的审计信息，人工处理的工作量很大，难以保证处理的质量。若利用信息化技术就能充分保障审计信息收集与处理的提质增效，还能运用数字化决策系统，向社会公众准确有效地发布审计结果，提高审计结果的使用效率。另一方面，在信息化条件下，由于信息技术的应用，审计内容也会发生相应的变化，在信息化的会计系统中，各项会计事项都是由计算机按照程序进行自动处理的，人工干预或出错的概率小。信息系统的特点及固有风险决定了信息化环境下的审计内容，包括对信息化系统的处理和相关控制功能的审查。例如，在审计账龄分析表时，由于数据的准确性对相关审计结论具有重要的影响，在信息技术环境下，需要基于信息系统的数据来源及处理过程进行充分考虑。

四、审计报告规范

审计报告是指具体承办审计事项的审计人员或审计组织在实施审计后，就审计工作的结果向其委托人、授权人或其他报告对象提交的书面文件，它是对审计过程和审计结果的全面总结，是完成审计任务的标志，也是体现审计成果的主要形式。对于医院审计来说，审计报告是在分析研究大量审计资料基础上进行综合分析，得出真实有效信息的反馈，通过审计报告不仅能掌握医院经济活动的相关信息，明确医院当前经济管理的问题点，对症下药，及时规避风险，还能带动医院内部控制和制约机制的健全完善，提升医院内部审计实效，充分发挥审计报告的执行力和作用力。因此，审计报告的规范对审计质量和效果就起到了画龙点睛的作用，有利于医院的审计监督和内控优化。如何规范审计报告，确保审计报告的质量，笔者认为可以从以下几个方面进行规范和要求。

在形式结构方面，必须条理清楚、结构合理、逻辑清晰。具体表现为审计报告应该简明扼要、重点突出。在审计概况部分必须简练清晰、层次分明，概述审计的主要过程，重点阐述审计成果和基本估计；在具体的内容部分必须主次清楚、内容连贯，提出的措施和建议要在深入分析的基础上，解决问题并能防止类似问题的再次发生，充分反映出医院审计的目的和要求，发挥审计项目实效。

在表达内容方面，必须证据确凿、内容完整、评价公正。具体要求为审计报告中所涉及的经济事项，尤其涉及医院财务管理、设备采购以及工资绩效发放等方面，必须事实清楚、证据确凿，不能捕风捉影、猜测估计；审计报告中所揭示的问题必须内容完整、真实客观，能充分反映审计目标；对审计项目所作的评价必须客观公正、实事求是，既要肯定成绩，又要指出不足，对问题的定性要充分结合国家、医疗卫生系统有关审计、财务会计等方面的法律法规；对于审计提出的审计处理意见，必须谨慎恰当、宽严适度，要本着"治病救人"的理念，杜绝新的问题产生。

在行文用语方面，必须行文简练、概念准确、措辞恰当。为了充分发挥审计报告的作用，避免审计报告的使用者产生误解，审计报告的用词应该客观、准确、规范、严谨，应该符合大众习惯，通俗易懂。例如，某医院年末药品库存账面反映余额为结余两万元，作为财会专业人员来说这是一目了然，表示年末库药账面结存数为两万元。但作为普通非专业人员就不一定能理解通透了，在撰写审计报告时可以将其写为库存药品年末账面结存额为两万元。

五、审计成果通报及上报

医院审计成果是指审计部门在实施审计后，形成的审计报告和审计决定等结论性材料；医院审计成果通报，是指医院审计部门对审计成果在一定范围内的有关部门或人员依法予以公开或告知的活动。审计成果的通报不只是为了披露而通报，最基本的目的是督查和整改，是落实医院内部审计和内部控制制度的有效手段之一。因此，医院内部审计机构应该建立审计成果通报机制。制定完善的通报制度，明确通报报批程序、通报内容、通报范围和通报方式等。关于通报程序，由于发布审计成果通报是一项严肃严谨的行为，一定要基于"四脚落地"的事实，要充分考虑通报的影响，因此，必须报医院审计委员会讨论核实后，甚至重大事项要经职代会通过，再由医院批准发布。关于通报内容，应该包括审计结果通报、审计整改情况通报等。关于通报方式，可以分为书面通报和会议通报两大类，其中书面通报包含依法文书公开、办公信息系统内公开、内部网络公开以及公告栏公开等，会议通报包括向单一部门和多个部门通报等大小规模的通报会。当然，对于计划通报的审计项目成果，医院内部审计机构一定要组织论证和审查。同时对于特殊审计项目的成果不仅需要通报，还需要向上级主管部门或政府上报，真正发挥医院审计的监督和纠正的作用，保障医院内部组织和外部环境都有利于实现既定目标。

六、审计档案管理

审计工作档案，本质上又称其为审计工作底稿，是指在审计过程中制订的审计计划、实施的审计程序、获取的相关审计证据以及得出的审计结论做出的记录，是审计证据的载体，包括相关的审计工作记录和资料，形成审计过程，同时也反映整个审计过程是形成审计报告、确保整个审计质量的基础。审计档案管理是指审计部门建立审计档案并进行收集、整理、保管、利用、编研、统计、鉴定和移交的活动。随着医院改革的不断深化，医院审计力度的不断加强，直接记载和反映医院审计工作的审计档案日益增多，做好审计档案管理，不仅能够提供审计依据、保障审计质量，还对防范风险、领导决策和事后连续审计等起着重要的作用。

医院审计档案是审计活动的真实反映，其中记录的大量的数据、文字资料以及审计活动的详细情况，是审计工作的真凭实据，特别是审计过程中的审计手稿、工作记录等，都真实体现和反映着医院内部审计部门履行审计监督职能的真实情况。科学、合理、规范地做好审计档案管理，不仅有助于提供真实可靠的审计证据，得出全面的、可靠的审计结论，撰写真实、合理、合规、有效的审计报告，为防范医院审计风险提供翔实的依据，还能有助于审查审计证据是否齐全，审计定性是否客观，审计结论是否属实，审计过程是否规范，从而更好地检验审计质量，发现和弥补审计过程中的不足之处，不断提升医院内部审计质量。此外，随着信息技术的广泛运用，审计档案的形式由传统的纸质形式扩展到了电子或其他介质形式，在审计档案管理中还需要借助信息管理系统，对审计档案分门别类、优化整理，保证调用时的便捷性和安全性。

七、预防性审计（事前）

医院审计的主要作用就是"免疫"，为医院的经营和管理构建一个强大的"免疫系统"。如何发挥预防性审计的作用，最有效、最重要的就是建立起医院内部管理与控制的制度，形成医院经济活动和管理活动的"正常轨道"，才能引领医院走向"更好的远方"。具体来说，在预防性审计中，需要建立一套严格的内控规章制度，包括财务管理办法、预算管理办法、资金计划管理办法、资金授权审批管理办法、经济合同管理办法、物资采购办法、库存药品材料管理办法、内部审计制度等一些与资金管理相关的制度。内部审计要发挥预防性审计的积极作用，通过日常审计工作，及时发现内部控制制度中存在的薄弱环节或漏洞，及时健全和完善各项管理制度。另外，在医院管理活动中，还要合理设置职能部门，明确各部门的职责，各司其职，建立财务控制和职能分离体系，各部门、各岗位相互制约、相互监督，保障管理的有效运行。对于医院重大决策需要通过医院领导班子及职工代表一同讨论才能形成决议方案，对于内部资金的使用要建立严格的审批手续和程序，并明确审批方式、权限和责任范围。

除此之外，在日常审计过程中，建立审计信息预警体系，尤其是财务信息预警体系。在信息化技术的广泛应用下，利用大数据、"互联网＋"等将医院内部的各种数据进行分析总结，可以通过科学的模型与方法有效地预测出未来资金的走向和管理决策的效果，为财务审计工作带来了方便，同时，一旦财务或管理情况出现了问题，可以通过审计信息预警体系得到反馈，从而能有效发现和预防漏洞，提高预防性审计的效率和准确性，保证医院审计的质量。具体来看，财务信息的预警体系可以充分利用信息化技术实时监控医院对于药品药材的购买、大型仪器设备的采购、工资的支付以及其他财务费用的支出等，通过事前审计将这些信息利用内部审计平台进行披露，以便及时发现不合理之处，进而提升医院财务管理水平。

八、后续监督审计（事后）

后续监督审计，又常常被称为事后（监督）审计，通常从合规性和效果性两个方面对后续监督审计进行综合评价。

第一，在合规性方面，通过后续监督审计可以及时发现医院审计过程中存在的、出现的纰漏和错误，实现及时纠错并更新审计结论。另外，可以对整个审计流程进行检查和核实，对有关的审计依据是否合理、审计证据是否充分、审计方法是否恰当、审计结论是否客观可以进行全面的审查，确认审计是否合理、合法、合规。

第二，在效果性方面，这是后续监督审计最为重要的因素。目前审计往往重审计、轻监督整改，审计结论与整改措施流于形式，使得医院审计的权威性受到严峻挑战。同时，还会无形中对被审计单位和被审计部门造成一种审计假象，错误地认为审计就是走走过场，发现一些无关紧要的问题，提出不痛不痒的审计措施，侥幸心理逐渐增大，导致审计工作的效果大打折扣。此时，强化后续监督审计工作，能落实审计整改措施，维护医院健康的经营和管理秩序，减少违法舞弊行为的产生。严格意义上来看，后续监督审计是审计工作最后一步，同时也是最为关键的一步，因为通过审计过程发现问题，提出整改措施，最终的落脚点是如何实施和执行这些措施，将问题彻底解决，充分地发挥医院审计"防火墙"的职责。在后续监督审计过程中，还需要建立长期有效的工作制度，形成制度化的措施，包括明确审计整改工作责任以及相关的责任人，实施审计整改的具体时间和检验措施；建立健全各项审计的后续监督检查制度，追究责任到具体部门和具体责任人；建立后续监督报告制度，要求有问题的部门和有关责任人及时递交整改情况报告，健全相应的制度，使得后续监督审计规范化、制度化和常态化。

第三节　医院内部控制审计

内部控制审计是内部审计机构对组织内部控制设计和运行的有效性进行的审查和评价活动（第2201号，内部审计具体准则——内部控制审计）。医院内部审计机构开展内部控制审计是职责所在，同时，也是医院实施内部控制必不可少的控制要素。按照《审计署关于内部审计工作的规定》的要求，内部审计机构需对本单位及所属单位内部控制及风险管理情况进行审计。通过审计能对单位内部控制管理水平有一个直观的认识。与此同时，审计信息在一定程度上能对单位不同项目的经济价值与管理形式进行反馈，管理人员通过信息可以对财务活动的专业性与合法性进行确认。

一、内部控制与审计的关联性

（一）内部控制与审计的关系

内部控制是伴随着审计模式的转变而产生的，内部控制的发展又推动了审计模式的变革，由此可见，内部控制与审计相辅相成、互相促进。从审计模式的发展历程来看，审计模式的发展大致可以分为两个阶段：账项基础审计阶段、内部控制审计阶段。账项基础审计，也叫数据导向审计或凭单审计方案法，是审计方法模式发展的第一阶段，也是审计的初始阶段，以凭单核对为中心，业务量不大，审计人员就以会计科目为入手点，对所有凭证进行逐项的审查。在审计对象规模不大，经济业务比较简单的情况下，这种审计模式姑且能够满足要求，达到审计目的。但是随着经济的发展，经济业务活动越来越多，也越来越复杂，审计人员无法对所有凭证进行全覆盖审查，加上资产负债表审计的盛行，抽样审计技术开始得到运用。虽然避免抽样的随意性，但抽样的对象也主要是依据审计人员的经验进行主观判断，有时会造成遗漏重要项目事项，抽样的风险也比较大。在此背景下，为了保证审计质量，必须寻找更为可靠的、更为有效的审计方法，这就产生了内部控制审计。在此阶段，内部控制制度成为审计方法的逻辑起点，也促使内部控制与审计开始紧密结合，使得审计工作的效率在具有一定可靠水平的前提下得到了显著的提升。

内部控制与审计的密切关系可以追溯到20世纪初期(审计模式为账项基础审计阶段)，美国注册会计师协会对于财务报表的审查要根据具体情况具体分析，最终确定恰当的审计方法，而不是都需要全盘进行凭证检查。对于被审计单位存在内部牵制，且通过考查发现内部牵制有效的情况下，可以采用抽查方式进行审计，这是最早将内部控制与审计联系起来，但是属于内部控制发展的初级萌芽阶段。随着审计对象、审计业务、审计方法的发展，内部控制开始充分融入内部审计之中，成为审计重心。在这个阶段内，第一步是前提，那就是需要对被审计单位的内部控制进行初步判断，只有觉得是合理有效的，才有可能进入下一步审计工作中。在接下来的内部控制测试中，如果结果能够值得信赖，就能相应减少很多实质性的审计程序，提高审计的针对性和效率，相反，如果测试结果未能通过信赖区间，就要直接进入实质性测试程序，相比之下，要花费更多的人力、物力、财力。因此，审计模式的改变促进了内部控制的产生、发展，同时，内部控制的成熟完善也给审计模式带来了飞跃和创新。

(二) 内部控制和内部控制审计的关系

1. 内控审计是内部控制的重要组成

内部审计应内部控制的需要而产生，是内部控制重要的监督要素，开展内部控制审计是运用内部审计的方式来改善医院内部控制效果。近年来，财政部不断加强对行政事业单位的内部控制建设的监管，内部控制审计工作已经成为医院内部审计工作的核心和基础。医院内部审计机构开展内部控制审计是职责所在。因此，内部审计既是内部控制环境要素的组成，也是内部控制的监督要素。一方面，通过审计，审查内部控制制度的设计是否完善有效，内控制度的执行效果是否到位，从而对医院内部控制体系的设计与建设过程提出审计建议，协助医院内控管理部门开展风险评价，以期完善医院内部控制制度、岗位职责和流程设计；另一方面，通过审计，可以及时发现内部控制的缺陷，提出整改建议。内部审计作为医院一个相对独立的职能部门，作为一个预防机制和检查机制，对内部控制的充分性和有效性的评估和审查也就成为内部审计的重要职能之一，同时也是内部审计发挥预防机制作用的重要手段。

2. 内控控制与内部审计的目标一致

医院审计工作的目标与内部控制的目标均是以医院的战略目标为基础的，开展内部控制审计时，将审计目标与内部控制目标结合可形成相互支撑、相互促进的有机统一体，共同为医院完善治理、增加价值与实现目标服务。

3. 内部审计与内部控制相互促进

一方面，内部控制有效实施，能对内部审计发挥重要的作用，及时识别内部审计的重点和薄弱环节，提高内部审计效率。随着医疗体制改革的推进和行业发展，内部控制的地位越来越重要，能发挥的作用也越来越大，医院内部控制部门能够出具权威、专业的审计报告，能够多角度全方位地对风险进行评估，为管理部门有效防范风险提供参考和提示。因此，通过内部控制等一系列过程，能够及时发现问题和处理问题，有效防范并降低组织的经营风险，提高经济效益和社会效益，促进医院的良性和谐发展。

另一方面，内部审计有利于内部控制的有效运行。对于医院来说，内部审计对医院经营风格、控制程序、医德医风以及会计核算之类的内部控制环节比较熟悉，相对于其他部门更易知晓各项业务的流程及关键风险点，内部审计机构开展内部控制审计对于促进医院内部控制建设具有得天独厚的优势。除此之外，由于内部审计部门的特殊性和独立性，使得内部审计程序与过程具有相对独立性，能够更加全面、系统和客观地识别和评估风险，进而提出风险防范的有效性建议。医院的经济活动较复杂，特别是大型医院内部机构和人员岗位多，业务范围广，风险点多，控制难度大，通过内部审计能及时细致地了解医院各个部门关于内部控制的执行情况，并通过定期测试，可以及时发现问题并提出整改建议。从这个角度来看，可以说内部审计是内部控制的再控制，是医院内控体系的一个重要组成部分。尤其对于医院这个特殊的组织来说，专业性和社会性兼具，内部审计过程中，其内审人员熟知医院的整体控制目标，了解所有的内控流程，通过检查内控环节，能够帮助医院内部管理人员改进风险认知与管理，实现医院的内控目标。当然，需要指出的是，内部审计部门并不是医院的风险管理部门，主要是对医院经营与管理的策略、流程和有效性进行评价。在市场经济环境下的医院内部控制审计工作的有效实施，能够客观公正地反映医院内部控制的不足，促使相关工作人员能够及时调整和优化内部控制，使之能够充分发挥作用，维护好医院的经营和管理，为推动医院良好发展创造条件。

三、内部控制审计的基本内容

医院内部环境通常由管理层、医院文化、机构设置、权职分配和人力资源等组成，因此，审计内容主要包括：①医院内部控制制度是否符合党和国家的相关方针、政策和法规要求。②是否形成了完整、全面的医院内部控制制度，涵盖医院各项业务。③医院组织结构、职责划分的科学性，相互协调的能力，管理权限、管理程序的合理性和有效性。④医院内部人员管理的规范性。包括医院工作人员应具备的能力和知识，技能重要岗位的责任及人员管理机制的建设，业绩考核与激励机制的有效性、培训制度的有效性，对医院文化内容的理解和认同等。⑤医院内部控制制度、文化建设是否符合医院特点和实际情况，是否能相互制约、相互促进、改善管理、有效监督。

结 束 语

财务会计管理与审计是财务管理中不可或缺的两个方面，它们各自承担不同的职责，但又相互联系，共同促进单位主体的健康发展。笔者经过探究，认为财务会计管理与审计应采取以下两个方面的优化措施。

第一，财务审计工作的开展对实施财务管控及促进组织稳定发展具有积极意义。而结合现有组织管理制度及数字化发展浪潮，财务审计工作所面临的挑战将越来越大。对于此，加强组织财务审计人员管理及提高组织对审计工作的重视程度，并将人员、制度及流程上规范审计工作作为后期组织管理的重点进行考虑。作为组织管理中应从财务管理着手，强化财务人员培训及组建专业审计团队，以使审计工作得到落实，为管理规范化奠定基础。

第二，智慧审计成为必然趋势。智慧审计不仅提高了审计工作的效率和质量，还能够更好地满足现代社会对审计工作的高标准要求。通过智慧审计，审计人员可以实现对海量数据的快速处理和分析，发现潜在的风险点，提高审计的精准度。此外，智慧审计还能促进审计过程的透明化和标准化，增强审计结果的可信度。例如，利用大数据技术可以从多个维度深入挖掘企业经营状况，发现异常交易模式；借助云计算平台可以实现跨区域、多组织间的协同审计；而人工智能则可以帮助自动识别财务报表中的错误或舞弊迹象。智慧审计代表了未来审计行业的发展趋势，对于推动企业内部控制体系的完善、保障市场秩序具有重要意义。

总之，内部审计与外部审计作为对组织财务管理工作的重要督促机制，在组织强化财务管理内部控制的过程中起着重要的作用，内部审计机制的建立与财务管理体系的建立相互促进，只有建立起健全的内部审计机制和有序的审计程序，才能确保组织财务管理工作的贯彻落实，推动组织的长远发展。

　　以上就是本书对财务会计管理与审计工作优化研究得出的一些结论。不可否认的是，受笔者知识的广度和深度、资料来源、研究时间等因素的限制，书中仍存在不足之处，希望自己能在今后的研究中加以弥补和修正。

参 考 文 献

[1] 周彩节，洪小萍．财务管理 [M].北京：北京理工大学出版社，2023.

[2] 王攀娜，熊磊．企业财务管理 [M].重庆：重庆大学出版社，2022.

[3] 刘娜，宋艳华．财务管理 [M].北京：北京理工大学出版社，2021.

[4] 王崇叶．财务管理与会计信息化创新研究 [M].北京：中国纺织出版社，2020.

[5] 胡薇．财务管理信息化研究 [M].延吉：延边大学出版社，2017.

[6] 楚冬梅．信息化时代财务工作现状与发展 [M].哈尔滨：哈尔滨出版社，2021.

[7] 刘丽华．基于业财融合视角的企业营运资金管理问题探讨 [J].企业改革与管理，2021(19)：159-161.

[8] 许晓敏．基于业财融合的资产与财务管理一体化研究 [J].产业创新研究，2022(24)：171-173.

[9] 张卓然，纪明宇，李晓梅．利润抑或现金：企业绩效评价指标的再思考 [J].商业会计，2023(8)：19.

[10] 周雪瑛．单位财务管理中业财融合问题及对策 [J].今日财富 (中国知识产权)，2022(11)：100-102.

[11] 赵林霞．业财一体化视角下单位财务管理模式探析 [J].现代商业，2022(29)：151-153.

[12] 任二平．业财一体化应用存在的问题及优化路径 [J].现代商业，2022(24)：187-189.

[13] 宋缨．财务业务一体化导向下单位财务流程再造研究 [J].中国总会计师，2022(8)：136-139.

[14] 朱晓华．试析财务信息化下的单位财务内控转型 [J].财经界，2022(20)：128-130.

[15] 栾妮. 财务管理一体化对单位财务管理转型的影响 [J]. 投资与创业，2022(11)：96-98.

[16] 刘莉. 单位财务业务一体化与财务管理职能转型 [J]. 中国市场，2022(9)：133-134.

[17] 李珊. 国有单位财务管理转型升级 [J]. 中国市场，2022 (9)：141-142.

[18] 张燕. 企业财务管理中存在的问题与对策 [J]. 中国集体经济，2021 (6)：154-155.

[19] 焦锟. 企业财务管理中的业财融合问题及解决措施分析 [J]. 中国中小企业，2021(2)：178-179.

[20] 侯艳. 企业财务管理信息化的风险管理策略研究 [J]. 中国乡镇企业会计，2021(3)：171-172.

[21] 袁玉珍. 新时代建筑企业财务管理信息化建设思路 [J]. 商讯，2021 (11)：67-68.

[22] 田敏慧. 基于大数据背景的医院财务信息化建设 [J]. 行政事业资产与财务，2021(5)：29-30.

[23] 谢彩霞. 企业财务管理信息化建设及其改善 [J]. 财经界，2021(13)：157-158.

[24] 姚珊. 信息化管理下基层医疗机构财务内部控制研究 [J]. 财经界，2021(14)：127-128.

[25] 李沐. 企业财务管理信息化建设路径研究 [J]. 经济师，2021 (5)：66-68.

[26] 吴凤姣. 大数据时代下企业财务管理创新研究 [J]. 行政事业资产与财务，2021(9)：107-108.

[27] 叶桂平. 大数据下的财务共享建设与实践 [J]. 纳税，2018(28)：44.

[28] 刘庆云. 大数据视域下的企业财务会计信息化管理分析 [J]. 中国商论，2021(5)：154-156.

[29] 侯崇平. ERP 环境下集团公司财务管理优化模式研究 [J]. 企业改革与管理，2019(4)：144-145.

[30] 邓福华. 财务信息化管理对高校财务内控的影响 [J]. 农村经济与科

技，2021，32（2）：94-95.

[31]李春霞.企业内部审计与外部审计协同研究[J].中国农业会计，2024（10）：34.

[32]刘娜.大数据时代的数字化财务转型研究[J].财会学习，2024（10）：12.

[33]李闻一.数字化财务共享的概念框架及实施路径探析[J].财务与会计，2024（6）：86.

[34]陈传亮.数字化财务管理对现代企业的影响及应用探索[J].当代会计，2023（21）：74.

[35]王爱梅.企业股权投资管理的主要风险及对策探讨[J].投资与创业，2024（10）：17.

[36]李建妥.财务报表分析在企业投资管理中的应用[J].中国市场，2024（20）：35.

[37]胡天高.供应链金融在企业融资管理中的应用研究[J].企业改革与管理，2024（12）：76.

[38]赵倩.企业投融资管理及优化策略分析[J].现代经济信息，2024（5）：20-23.

[39]黄华.新形势下行政事业单位财务审计监督的问题与对策研究[J].知识经济，2024（13）：18.

[40]王法政.企业财务审计向管理效益审计的转变策略研究[J].当代会计，2024（7）：39.

[41]钟晶.大数据环境下企业内部财务审计质量提升的途径[J].财讯，2024（2）：53.